［美］彼得·沃克（Peter Walker） 著
陈春华 译

POWERFUL
DIFFERENT
EQUAL
大国竞合

OVERCOMING THE MISCONCEPTIONS AND
DIFFERENCES BETWEEN CHINA AND THE US

中信出版集团｜北京

图书在版编目（CIP）数据

大国竞合 /（美）彼得·沃克著；陈春华译 . -- 北京：中信出版社，2021.4
书名原文：Powerful,Different,Equal
ISBN 978-7-5217-2815-6

Ⅰ.①大… Ⅱ.①彼…②陈… Ⅲ.①中美关系－研究 Ⅳ.① D822.371.2

中国版本图书馆 CIP 数据核字（2021）第 035198 号

Powerful, Different, Equal
Copyright © Peter B. Walker 2019
Copyright © LID Publishing Limited, 2019
Copyright licensed by LID Publishing
arranged with Andrew Nurnberg Associates International Limited
Simplified Chinese translation copyright © 2021 by CITIC Press Corporation
ALL RIGHTS RESERVED
本书仅限中国大陆地区发行销售

大国竞合

著　　者：[美] 彼得·沃克
译　　者：陈春华
出版发行：中信出版集团股份有限公司
　　　　　（北京市朝阳区惠新东街甲 4 号富盛大厦 2 座　邮编　100029）
承 印 者：北京楠萍印刷有限公司

开　　本：880mm×1230mm　1/32　印　　张：7　字　　数：110 千字
版　　次：2021 年 4 月第 1 版　印　　次：2021 年 4 月第 1 次印刷
京权图字：01-2020-5082
书　　号：ISBN 978-7-5217-2815-6
定　　价：68.00 元

版权所有·侵权必究
如有印刷、装订问题，本公司负责调换。
服务热线：400-600-8099
投稿邮箱：author@citicpub.com

致：
弗朗辛，我的坚强后盾；
金伯莉和莎拉，她们承担了很多繁重的工作；
还有一直在我身边的帕梅拉和珍妮特。

《大国竞合》是彼得·沃克给予读者的一份难得的礼物——他对中美两种文化的分析非常公允，研究深入，设计缜密，立足历史，就政策、决策、未来挑战和机遇等方面提供了理性的观点。这本书为两国进一步互相理解打下了基础。这是我读过的关于中美关系非常好的一本书。

大卫·奥布莱恩，安永会计师事务所高管

《大国竞合》这本书文本清晰，见解深刻，内容翔实，易于阅读，结构合理，言简意赅。

安德烈亚斯·贝鲁索斯，私募股权公司合伙人

彼得·沃克的《大国竞合》与其他关于中国的普遍思维、政策和商业战略的书都不同。虽然这本书是从西方人的视角写的，但彼得·沃克非常了解中国人，并启发我们重新审视我们习以为常的、最基本的一些假设。

威廉·米汉三世，麦肯锡荣休董事、斯坦福大学商学院战略管理讲座讲师

从他人的角度看世界，对于商业和生活的成功至关重要。彼

得·沃克的《大国竞合》可以帮助弥合中美两国在认识世界方面的分歧。

阿兰·科尔伯格，安信龙保险公司总裁兼首席执行官

《大国竞合》是当前并不多见的系统分析中国和西方（主要是美国）的价值观和世界观，并指出这些不同对思维和政策的巨大影响的重要著作。

罗恩·奥汉利，道富银行总裁兼首席执行官

《大国竞合》一书为决策者提供关于如何向前迈进的建议，是一本通俗易懂的必读之作。

詹姆斯·劳诺弗，麦肯锡公司前董事，莱斯大学前董事会主席

《大国竞合》的出版恰逢其时。彼得·沃克比较中美两种文化和历史的方法令人深受启发。这是一本重要的读物。

克劳德·杜索，加拿大互动金融公司董事长

彼得·沃克带给了我们一本关于中国和美国的杰出著作。《大国竞合》一书对中美"世界观"差异的准确描述，正是美国更好

地理解中国和中国更好地理解美国所亟需的。

理查德·福斯特，耶鲁大学教授，《创新：进攻者的优势》作者

《大国竞合》一书令从前的谜团变得如此易懂。

迪安娜·穆里根，美国嘉定人寿保险公司首席执行官

目 录

导　论 _001

第 1 章 / 009
背景：根植于历史文化的治理和思维模式的要素将不会改变

中国的中央政府权力范围广泛 _013

美国将继续实行选举民主 _018

中国会继续采取贤能政治方式 _021

美国和中国的世界观都不会发生根本变化 _024

容易引发美国误解的中国特征 _026

第 2 章 / 031
文化：差异的主要原因

中美文化差异 _035

美国文化特征 _038

中国文化特征 _047

前景展望 _053

第 3 章 / 055
经济表现：真正的战场

美国的经济模式 _058

中国的经济模式 _063

中美经济关系 _074

两种经济模式在历史上都非常成功并极具韧性 _078

零和博弈有害无益 _087

第 4 章 / 089
教育体系：重要性随着先进技术的快速发展而凸显

美国教育的历史和文化背景 _092

中国教育的历史和文化背景 _094

中美教育模式的主要区别 _097

目 录

第 5 章 / 101
人权与法治：美国的绝对主义与中国的相对主义

美国的个人主义与中国的集体主义对人权发展的塑造作用 _105

美国人权的意识形态、绝对主义定位与中国人权的实用主义、相对主义定位 _108

政治体制是中美道德冲突的主要根源 _111

中国在持续扩大个人自由 _113

中国在稳步推进法治 _116

中美的共同难题：如何对待少数族裔 _121

美国在性少数群体权利方面较开放 _130

中国尊重宗教信仰自由 _132

中美两国女性权利的演变路径非常相似 _134

小　结 _138

第 6 章 / 141
民主的形式：美国的选举与中国的回应民意

美国民主的嬗变 _145

美国民主制度的表现 _150

中国民主的嬗变 _158

中国民主协商制度的表现 _164

回顾与反思：美国的问题更多 _165

第 7 章 / 169
世界观与军事：美国重民主和人权的传播；中国重经济利益，轻对外扩张

美国的世界观和军事活动的发展 _172

中国的世界观和军事参与的发展 _176

未来将去向何方 _180

目 录

第 8 章 / 183
未来之路

注释 _ 193

致谢 _ 205

导 论

中国是一头沉睡的狮子,当这头睡狮醒来时,世界都会为之发抖。

——拿破仑·波拿巴

我与中国的缘分始于35年前的一场精神之旅。那时，我想寻找"含笑而终"的人，想从他们的生活轨迹中得到启迪。而这段求索的旅程将我带到了东方，让我得以有幸邂逅道家学说和公元前6世纪老子所作的《道德经》。

自那以来，我造访了中国80余次，与数百位人士建立了联系。其中有中国企业高管、政府部门官员、社会和经济领域的专家，以及许多对道家学说感兴趣的人。

在过去35年的时间里，这些联系和交流使我对中国留下了极佳的印象：我结识了能力卓越、学识渊博的政府官员；人们生活幸福、心态乐观，普遍对中国所取得的成就感到自豪，对政府高度信任，对国家历史和文化有着深刻认识，并对家庭、国家和人民的命运充满强烈的责任感。

在过去多年中，我就中国历史、哲学和文学进行了广泛的阅读，其中包括许多西方作者关于中国的著作。我也密切关注

大国竞合

西方媒体关于中国的报道和社论，特别是《纽约时报》《金融时报》《华尔街日报》《经济学人》等。我发现，虽然有些作者的确了解中国，比如托马斯·弗里德曼、亨利·基辛格和汉克·保尔森等，但我在阅读中所看到的关于中国的描述和我从个人经历中认识的中国并不完全一致。

在一些并不了解中国的作者的笔下，中国环境污染严重，经济发展依赖不公平贸易和货币贬值，缺乏创新，并且对美国的知识产权进行了系统性窃取。

我试图发掘这种"脱节"背后的根源，而本书就是我探索的产物。

首先，我要说明的是，本书的重点是核心叙事，除了基于我在中国的个人经历和印象之外，还吸取了来源广泛的各种观点。我尽了最大努力，使本书观点公允、逻辑清晰并和基本事实一致。

我的第一步工作是挖掘美国和中国的治理、经济和社会模式的基本特征和动力。第一个结论是，它们在很多核心维度上都是迥异的，而这些差异在很大程度上根植于两国的历史和文化。

美国模式可被描述为：

导 论

- 个人主义
- 理想化
- 二元论：非对即错、非输即赢
- 国内政府角色最小化
- 选举民主制
- 基于资本主义自由企业和开放市场的经济模式
- 绝对人权
- 认为美国应在全球广泛推行民主和人权

以上特征反映了美国早期移民的意愿——他们正是由于经济社会底层的机会制约与人权和信仰自由的匮乏而逃离了欧洲。自美利坚合众国成立以来，其一直享有相对良性的发展环境：外部威胁较少、边境安全、自然资源丰富。

中国模式可被描述为：

- 由中国共产党领导的强有力的中央政府
- 基于共识的决策，与公司治理模式类似
- 民主政权，政府及时回应人民呼声
- 领导人的选拔基于贤能制，而不是全民选举（地方层面

除外）

- 集体主义，即家庭和社会的集体福祉比个人更重要
- 相对的人权
- 高度务实而非理想主义的思维模式——更强调结果而不是"对错"
- 适度但不断增长的抱负，其动力是国家的经济利益和领土完整，而不是推广所谓"中国模式"的意愿

为了对这些差异有更加深刻的理解，本书探讨了它们的一些主要根源及其影响。总的结论是，中美彼此误解的一个主要根源是，美国完全无视塑造今日中国的历史文化，纯粹从西方视角来评判中国。

本书旨在通过阐释中美两国各自的模式和独特的文化及历史演变，促使两国相互了解。对美国人来说，重新审视中国意味着需要了解中国 5 000 年来的发展道路和原因。相应地，中国人应该认识到美国与欧洲的分裂，以及美国开国元勋早期的决定如何塑造了现代的美国。需要强调的是，本书并不暗示任何一个国家的模式可能出现根本性变化，或不同模式有优劣之分。除了对模式的阐述之外，本书还对比了两国在经济表现、教育

导 论

体系、人权与法治、民主的形式、世界观和军事角色等方面的演变。本书最后呼吁在一系列非对抗性的全球问题上进行建设性接触——中美合作将对这些问题的解决发挥极大作用。

本书内容包括：

1. 背景：根植于历史文化的治理和思维模式的要素将不会改变
2. 文化：差异的主要原因
3. 经济表现：真正的战场
4. 教育体系：重要性随着先进技术的快速发展而凸显
5. 人权与法治：美国的绝对主义与中国的相对主义
6. 民主的形式：美国的选举与中国的回应民意
7. 世界观与军事：美国重民主和人权的传播；中国重经济利益，轻对外扩张
8. 未来之路

第1章

背景：根植于历史文化的治理和思维模式的要素将不会改变

各国拥有迥异的历史和文化,因此期望中国的政治体制与其他国家相似是不现实的。

——莫里斯·格林伯格

C.V.Starr投资集团首席执行官,长期担任美国国际集团首席执行官,

在中国有超过40年的工作经验

摘自詹姆斯·曼,《中国幻想》

在美国，最广为流传的故事版本是，随着中国经济的增长和人民生活水平的提高，人民必然会要求更多的权利；与此同时，由于过去40年来中国GDP（国内生产总值）的急剧增长，日益富裕的中国的政治体制将变得与美国更相似。[1]在中国，人们认为美国日益分裂，政府无法克服内部极化，人民日益倾向于孤立主义，金融监管不善——飙升的赤字和2008年的金融危机就是很好的证明。

尽管中美两国领导人的领导风格不同，但我们不应将重点放在对两位领导人的比较上。我们所讨论的现存世界观和政治体系并不新鲜，如今已被广泛接受，并且是中美两国之间大部分负面观感的源头。上述两种观点都忽略了对方的历史和文化根基。这些根基在数个世纪中塑造了我们今天所见的两种不同的模式，并将持续发挥影响。此外，两种模式在实现两国各自的主要目标方面都取得了成功。

两国各自的模式中都有多维度的核心特征,并将继续演化。本章将指出两国模式在可预见的将来保持不变的关键特征。

第 1 章　背景：根植于历史文化的治理和思维模式的要素将不会改变

中国的中央政府权力范围广泛

中国历史上一直由强有力的政党领导或由高度集权的王朝统治，其土壤是高度集体主义而非个人主义的思维和行为模式。

历史上，中国的集体主义通过两种不同的因素得以演进。第一种是团结一致以应对饥荒、洪水等自然灾害以及北方游牧民族袭击的需求。第二种则是公元前6世纪孔子的儒家思想。孔子强调以家庭和社会为先的道德准则，进一步强化了集体主义精神。个人的角色永远是次要的，从古到今注重的始终是通过教育来实现个人提升，以更好地服务于家庭和社会。尽管随着中国几百年以来的朝代和政权更迭，儒家价值观的影响起起伏伏，但其重视家庭和社会的原则却一直在中国文化中拥有牢不可破的地位。自然地，这种集体主义精神使得每一届强有力的中央政府都以两个目标为己任：繁荣和稳定。在今天的中国，繁荣是显而易见的。这个国家曾深受动乱之苦，而在过去的40年里，中国一直保持着惊人的稳定发展。

1840—1860年发生了主要由英国对中国发起的两次鸦片战争。英国不顾清政府反对，利用其强大的海军力量在中国进行鸦片贸易。由于这些战争，数以百万计的中国人成为瘾君子，中国的香港地区被割让给英国，80多个港口向外国人开放，外国人可自由进入中国。第一次鸦片战争标志着中国被外国人征服的开端，开启了中国的"百年国耻"，留在了中国的历史课本中。外邦铁蹄下的屈辱伴随着第二次世界大战日本战败而结束。

1911年被推翻的清朝是中国的最后一个王朝。在王朝统治时期，官员升迁有赖于裙带关系和存在了1 300多年的科举制度。尽管科举制度于1905年被正式废止，但时至今日，中国的国家公务员考试和面试仍然被广泛应用于各级政府的初级任命和官员晋升。在中国历史上，主要的朝代通常延续200～300年，而当政府失去了人民的支持时，一个王朝也就走到了尽头。民心的丧失来源于多个因素，包括经济衰退、苛捐杂税、官员腐

第1章 背景：根植于历史文化的治理和思维模式的要素将不会改变

败、饥荒和外敌入侵等。无论谁掌权，新的朝代建立之后，统治阶级是不变的，依然是强有力的中央政府，鲜有例外。内战以来，中国共产党执政的核心模式基本延续了历史，不同之处在于高级政府官员大多是基于有组织的精英模式——主要通过考试和面试来选拔，而不是通过裙带关系。

自改革开放以来，中国共产党在过去 40 多年的政权长青源于其为人民带来了繁荣和稳定的能力。当前，中国在很大程度上消除了贫困，[2] 中国政府树立了新的目标，即实现中华民族的伟大复兴，使中国跻身全球主要大国之列，而不是成为世界上唯一的霸主。如果以这几个目标来衡量，则无论标尺如何，中国政府的表现都是非常出色的。在过去 40 年里，中国保持了所有大国中最高的 GDP 增长率，[3] 8.5 亿人的生活水平达到了国际贫困线以上，[4] 中国成为仅次于美国的全球第二大国，同时几乎没有卷入任何国际军事行动。此外，英国皮尤研究中心 2017 年的调查显示，在所有大国中，中国政府拥有最高的民意支持率（83%），并且相信 5 年后生活会更好的受访者占比最高（76%）。[5]

那么，为什么西方，特别是美国，期望中国实现从强有力的单一政党的中央政府到选举民主制的转变呢？在最根本的层面上，美国人相信，选举民主是唯一"民主、民享"的治理模式，因此也是唯一合法的政治制度。正如丘吉尔留下的那句名言："民主并非完美无缺，但它是最有效的政治制度。"西方普遍认为中国模式不可持续的第二个意识形态方面的原因，是一种"无选举则无问责"的信念。然而，中国的历史证明，政府一旦失去了人民的支持，就会被取代。改朝换代会有新的领袖上台，但治理模式不变。

在美国，人权是建立这个国家的主要驱动力之一，也是宪法和《权利法案》起草者最看重的目标。宪法和《权利法案》宣告，这些权利是不言而喻和不可剥夺的。

现在，让我们来厘清集体主义国家和个人主义国家之间的主要区别。个人主义国家，如美国和许多西方国家，通常重视独立、自力更生、竞争、自信、直接和自身利益。而集体主义国家，如中国和大部分亚洲国家，则强调社会相互依存，鼓励传统、合作和顺从的行为，重视自控力。在讨论中美之间的不同时，这些内在的价值观差异至关重要，因为它们是理解两国运作方式和两国关系的基础。

人权就是一个很好的例子，因为人权本质上就是个人权利。中国人在个人权利带来的益处和它们可能对社会产生的影响之间进行权衡。例如，个人持有武器的权利，这在美国造成了致

第 1 章　背景：根植于历史文化的治理和思维模式的要素将不会改变

命的后果。

在中国，由于集体社会运作良好，所以几乎没有要求更多个人权利的激烈的公众抗议。中国早期的户籍制度是政府管制个人住所、工作和旅行的政策工具，现在，除了决定人们是否有权享有某些公共服务之外，这个制度在很大程度上已经不复存在了，个人权利掌握在自己手中，包括教育、医疗和住房，而这一点对城市的外来人口来说尤为重要。

在中国，只要经济不断增长，国家越来越繁荣，政府支持率就将继续保持高位。

这种强烈的集体主义心态根植于中国 5 000 多年的历史土壤，为今天强有力的中央政府提供了基础。中国政府沿袭悠久的传统，将人民利益放在首位。只要政府持续地服务于社会，中国人民就对政府表示支持。

大国竞合

美国将继续实行选举民主

美国治理模式的创立者们之所以离开欧洲，有两个主要原因。一是欧洲的经济机会几乎只对社会上层人士开放，二是欧洲对人权和信仰自由的限制。正如托克维尔在他的经典之作《论美国的民主》中所述，北美拓荒者希望建立一个"民主、民享"的政府，以实现最大限度的经济和个人自由。该模式和价值体系在今天依然备受推崇。

政府的最高层被设计为"最小化"的，而国家的未来依赖于强劲的资本主义私有经济，其推动力是美国人民的雄心壮志、职业道德和创新精神。许多美国人对联邦政府的不作为和功能失灵怨声载道，但很少有人意识到，托克维尔所描述的"最小

第1章　背景：根植于历史文化的治理和思维模式的要素将不会改变

化政府"模式是开国元勋做出的一个目标明确的选择。和许多人一样，在为本书进行相关研究之前，我的本能反应是指责无能的政客，而不是指责模式本身。政府的"最小化"体现在政府设计的四个维度之中。

首先，行政、立法和司法三权分立。行政部门在外交事务方面拥有广泛的权力，但其在国内施行根本性变革方面受到其他两个分支的严格制约。其次，美国实行两党制，只有当某个政党同时控制了行政和立法机构时，才能颁布重大法案。再次，每四年进行一次大选，同一位总统最长在位时间是八年，不得民心的总统将在选举中下台。最后，联邦政府的权力由宪法规定，宪法中没有规定的权力则下放给州政府和地方政府。

这种政府体制基于短期任职和权力分配，不同于中国的治理模式。这反映了中美两国不同的文化、历史和价值观。

一直以来，美国人都将政治自由、个人自由、私营企业驱动的经济和追求"美国梦"的理想看作高于一切，未来也将如此。联邦政府旨在保护美国人的利益，提供基本服务，监管经济，管控美国与国际社会的关系。"联邦政府"还意味着将相当大的诸如决策权等权力下放给各州政府。然而，在个人遵纪守法的前提下，无论是联邦政府还是州政府，都不能将政府的意志强加于个人。如果任一案件出现法律不公的现象，那么美国的政治体制将为任何个人提供反对或修改这些法律的空间和能力，从地方层面开始，一直可上达最高法院。这是个人主义的本质。

尽管这种模式并不总是实用、合理或有效，但自美国建立以来，其主要设计和功能一直延续了下来。在将近250年的时间里，这种模式帮助建立和维持了地球上最强大的国家和经济体。改变美国的治理模式就意味着改变美国赖以建立的核心原则，这种情况几乎不可能发生。

第1章　背景：根植于历史文化的治理和思维模式的要素将不会改变

中国会继续采取贤能政治方式

一些西方人错误地认为，因为中国不实行选举民主制，所以中国的政体就不是民主的。实际上，中国政府的运作形式是成熟的、基于共识决策的贤能政治。

中国的贤能政治从一开始就鼓励优秀的年轻人投身公职，美国政府不会这样做。中国的高考制度沿袭了中国古代存在了1 300多年的科举制度，成绩最优异者将取得进入全国顶级的大学的资格。尽管历史上的科举制度已经在1905年被废止，但直到现在，学子们依然将公务员作为职业首选。当然，近年来中国也开始鼓励优秀人才投身商界。

中国号召人才进入商界的做法，在美国是司空见惯的。实力强大的美国商业部门能够提供更多的经济和个人激励促使人们从商,而不是从政。随着中国经济的持续增长和繁荣,相似情况是否会在中国出现,还有待观察。

在中国政府中,官员晋升的标准不仅包括组织部门的绩效评估,还包括同僚对其个人能力和团队合作能力的评价。这个模式中的官员晋升过程非常严格,晋升的官员必须在多个不同的职位上取得了优异成绩且赢得了同僚尊重。

这种模式与大型跨国公司遴选关键职位的领导者所采用的模式非常相似。

尽管许多人质疑中国体制的问责程度,但中央委员会每五年的人员变动率达60%,远超美国国会。[6]这表明,虽然无法看到具体信息,但体制内的问责程度是相对较高的。此外,轮换制度在中国政府的内部晋升体系中也发挥了重要作用,这有助于避免最高层的固化。较高的轮换率确保了整个体系的有效性。

"一人一票"的选举民主模式对大众有着天然的吸引力,这是可以理解的。理论上,民选的官员如果不能实现承诺,就会落选。但实际上,这个体系和其他体系一样,也带来了很多挑战和妥协。其中包括对选民投票率的依赖、对抗性政党、竞选资金滥用、不公平的选举法、并不总是反映民意的"赢家通吃"

第1章 背景：根植于历史文化的治理和思维模式的要素将不会改变

模式，以及难以找到合格的、有被选举资格的候选人。尽管有这些复杂因素的存在，这种模式仍然适用于美国，因为它反映了个人主义价值观和对选举民主制的信仰。

然而，这种模式并不符合中国固有的价值观。中国政府的政绩以及民意支持是毋庸置疑的。

美国和中国的世界观都不会发生根本变化

美国和中国的世界观都有牢固的基础，不会发生根本变化——美国倾向于干涉主义，而中国将变得更加全球化。

1823年，詹姆斯·门罗总统宣布，任何西半球的外国殖民或干涉都需要美国批准，这被称为"门罗主义"。自那以来，直到"反恐战争"，美国在全球留下了足迹，试图推广民主，促进人权，并打击对美国利益造成威胁的力量。在特朗普总统任下，美国开始表示正在考虑撤回海外的长期驻军。但是，美国在将近200年的时间里一直在全球事务中扮演着积极的角色，目前还不确定这一角色在未来将如何演变。

中国历来是一个关注内部的国家，强调本国福祉，外交事

第1章 背景：根植于历史文化的治理和思维模式的要素将不会改变

务主要体现在经济来往以及捍卫领土方面。

中国目前正在加强建设海军力量。尽管在其宣称的中国海域主权方面颇为自信，但中国的军事预算仍然不高——约为美国的1/3，而且军事部署基本处于防御态势。历史上，中国的军事行为更多的是处理内部事务，比如应对外来侵略、内战和叛乱，对其现代边界以外的地区不感兴趣。

大国竞合

容易引发美国误解的中国特征

除了上述因素之外，另一个误解的来源是美国人和中国人的不同心态和态度。在中国居住多年的亚瑟·史密斯于1894年出版了《中国人的特性》一书，林语堂在其经典著作《吾国与吾民》中也指出相似的特点。

令人吃惊的是，这些中国人的特性中有许多与人们常常谈到的美国精神相同：抱负、职业道德、乐观、友善、乐于助人和幽默感。还有一些特性与美国人不同，从而导致了误解和紧张局势。

一个特征是，在中国，"面子"的概念——某人的名誉或声望水平——比在美国重要。[7]一个人的面子是其成就的综合体现，

第1章 背景：根植于历史文化的治理和思维模式的要素将不会改变

代表了他（她）应从他人处得到的尊重。无论是有意还是无意的，你如果未能给某人适当的面子，就会使一段关系变得不适和徒劳无功。"不给面子"可能意味着涉及诸多方面——从贸然谈论别人过去的失败，到在会议桌上安排错了座次。然而，这些习俗大多是默认的，对于不习惯在各种关系中都看重面子的外国人来说，这很难驾驭。美国人更倾向于坦率直接，不赞成在他们看来是虚伪和浪费时间的习俗。

另一个重大差异是美国人和中国人对时间的看法。在美国，"时间就是金钱"。美国人看重努力工作，而美国人眼中的努力工作与完成工作的速度是紧密相连的。一旦做出承诺，美国人就马上列出时间表和最后期限，以追踪进展和效率。一些传统的中国公司更关心稳步向前和长期效率，而不是眼前的时间表和最后期限。简言之，中国人重远谋而非近虑，喜欢采取一种强调"顺其自然"的、从古代延续下来的道家心态。

还有沟通风格的问题。美国人以直率为荣，但中国人却不同。中国人倾向于用观察、感觉、偏好和模棱两可的方式来婉转地表达观点，而不是直接作答。这种方式一方面是为了争取时间，使自己在感到确定后再做出承诺；另一方面，如果他们需要收回之前的话，那么这种方式也可以避免"丢面子"。和中国人打交道需要耐心，而耐心往往正是美国人所缺乏的。美国人对无数次会议和讨论感到挫败也许是合情合理的，尤其是考虑到对他们而言"时间就是金钱"。美国人可能会认为这种沟通方式是在浪费时间，甚至是在逃避。然而，对中国人而言，在做出重要决定和建立关系时，这种长时间的讨论和互动是非常重要的。完全不同的交流风格极易导致美国人和中国人在人际交往中产生误解。

最后，美国人往往从意识形态或概念层面来处理问题，而中国人却更倾向于注重字面意思。中国人很容易接受"我们原则上达成谅解或达成协议"的说法，同时深知真正令人头疼的是细节问题。美国强调合同法和法律程序的重要性，相关的法律制度相对成熟。

除了思维方式方面的差异外，另一个导致误解的重要问题是信任程度和对动机的理解。如果中国认为美国的主要动机是遏制中国以捍卫美国的全球领导地位，那么建立深度合作将非常困难。同样，如果美国认为中国的首要目标是维持其执政地位而不是国家利益，那么双方也很难实现合作。那些非常了解美国和中国的人（比如亨利·基辛格）认为两国在气候控制、难民危机、网络安全和医疗卫生等全球问题上有很多合作机会，

第1章 背景：根植于历史文化的治理和思维模式的要素将不会改变

双边竞争主要在经济和文化领域，而不是军事领域。

本章的主要观点是，如果中国和美国接受彼此的历史和文化现实，那么关于中美关系未来的辩论就会变得更加简单。显然，两国领导人会在各国体系之内影响政策的方向和结果，但期望治理模式发生根本性改变是不可能的。两国都非常强大、有影响力，它们在本质上是迥异的，但只要两国能够在各级政府、企业和人民之间实现深度交流与合作，那么这种差异就不一定是负面的。

因此，中美两国政府和人民需要进行探索，并承认彼此之间固有的差异以及相似之处。如能实现这一点，那么这两个大国就有机会共同为全世界带来重大而积极的影响。通过研究中美两国的文化、经济、人权问题、民主模式、教育体系和世界观，以达到一定程度的相互理解，正是我们在这本书中探索的目标。

第 2 章

文化：差异的主要原因

保守主义的核心真理是,决定一个社会成功的是文化,而不是政治。

——丹尼尔·帕特里克·莫伊尼汉

美国纽约州前参议员

在我与一位中国政府官员的访谈中，他敦促我探索两国文化之间的差异，不要只把关注点放在经济、人权和世界观等"硬性"维度上。在他的影响下，我读了劳伦斯·哈里森和塞缪尔·亨廷顿所著的《文化的重要作用：价值观如何影响人类进步》一书。该书认为，文化是国家发展的基础，并在很大程度上决定了一个国家的思维方式和行为模式。

当一个国家在经济上取得持续稳定的成功时，人们往往会将其归功于人口、自然资源、地理位置以及能够有效动员人民的政治制度等因素。但是，正如纽约州前参议员丹尼尔·帕特里克·莫伊尼汉所指出的，在此背后还有一个更深刻、更现实的解释：文化是决定因素。

正如莫伊尼汉所言，政策决定非常重要，但真正推动经济发展的是构成美国和中国劳动力的数亿人民。无论是中国的经济，还是美国的以自由企业和资本主义为特征的经济，都是靠一线员工及其管理者的思维方式和行为来维系的。

　　文化塑造心态、行为、价值观和动机,影响一个国家的职业道德观、创造力和团队合作精神,从而产生经济成果。如果要简单地对这一假设进行检验,则可以将中国的经济表现与其他政权的经济表现进行比较。不同的国家之间,其经济发展的差异都是巨大的。这表明,政治模式并非关键因素。

　　在本章中,我们将探讨美国和中国的文化,以及各自的历史沿革。

第 2 章　文化：差异的主要原因

中美文化差异

正如第 1 章所述，美国人和中国人有许多鲜明的共同特征，比如强烈的职业道德、创造性、抱负、乐观、节俭、乐于助人和与生俱来的幽默感，但二者之间的差异也是显著的。美国人的独创性使他们容易产生大胆的、变革性的、塑造行业的想法，从而带来了电话、大规模生产的汽车、电力和核能、电影和电视、电脑、搜索引擎和互联网等的问世。而古代中国也为世界贡献了变革性的发明，如火药、印刷术、指南针、造纸术和丝绸等。

近年来，中国的发明大多集中于迎合市场需求的应用。大胆的发明和市场驱动的应用都能产生巨大的经济效益，但它们本质上是不同的。苹果手机、脸书和谷歌都是宏大而单一的发明，具有面向大众市场的明确特征。而中国人利用这些面向大众市场的产品，开发出了成千上万种针对不同客户群体的定制应用程序。这些彼此独立的创新方式使两国能够在高附加值技术领域都保持领先地位。这些领域包括人工智能、5G 网络、机器人技术、先进材料和生物技术等，将在未来几十年主导全球经济。尽管美国领先一步，但中国迅速地缩小了差距。因此，尽管美国和中国的路径不同，但两国都展现出长期持续的、高水平的创造力。

中美之间一个关键的文化差异反映在储蓄率的差距上。美国人往往看重及时行乐，这在很大程度上是由激进的消费市场和长期以来稳步提高的生活水平造成的。因此，美国的储蓄率接近于零。而中国人更倾向于儒家所倡导的"延迟享乐"，中国的高储蓄率就体现了这一点。当然，这还表明，与美国相比，中国的医疗和社会保障体系比较脆弱。

另一个重大区别在于两国各自的整体心态和价值观。美国人的心态和价值体系建立在开拓精神之上，正是这种精神将北美的蛮荒之地变成了今天拥有世界上有史以来最大经济体的美国。这种开拓精神中蕴含着积极进取、自力更生、雄心壮志和乐观向上等特质，而美国的持续繁荣使其不断得到巩固。中国

第 2 章 文化：差异的主要原因

的文化心态和价值观在很大程度上深植于儒家思想之中。自公元前 6 世纪以来，儒家思想一直对中国文明产生着深远的影响。正如前一章所述，儒家的核心价值观是集体主义，主张家庭第一、社会第二，认为个人应该通过教育来实现自我完善，并强调和谐、尊重和谦逊的重要性。

美国文化特征

美国文化源于早期拓荒者的职业道德、远大抱负和乐观主义,以及工业革命所特有的独创性。正是这些特质使美国成为全球最强大的经济体。从 19 世纪 70 年代到今天,美国一直被视作机遇之地,在 19 世纪和 20 世纪吸引了数千万的移民。美国在 20 世纪后半叶和 21 世纪初期的经济成功在很大程度上归功于技术进步,在此期间,其生产力和生活水平得到了极大提高。尽管经济发展蒸蒸日上,但收入不平等以及自由的沿海地区和保守的中心地带之间日益扩大的文化差异造成了严重的党派之争,以及一系列政治和社会问题。

美国文化的发展可大致分为四个重要阶段。

第 2 章　文化：差异的主要原因

北美早期移民：抱负、勇气、乐观和强烈的职业道德

最初的北美移民者抛弃了他们在欧洲的一切，历经充满危险的航行，抵达未知的全新世界进行探索，这表明他们充满勇气和决心。而后，他们面对并克服了巨大的挑战：首先是为家庭提供食物，同时还必须应对美洲原住民的长期对抗和英国的殖民压迫。建国之后，他们战胜了比自身强大得多的英国军队，并颁布美国宪法，统一了13个殖民地。

美国宪法的三个核心原则是经济机会平等、人权最大化和政府最小化。然而，要让所有殖民地都接受这些原则非常困难，导致的矛盾时至今日依然存在，并体现在竞争性的两党制中。第一次大辩论发生在联邦党人和民主党人之间，前者追求强有力的中央政府，后者则主张强有力的州权。另一个问题是北方和南方之间关于奴隶制的分歧。这个问题通过美国内战得到了一定程度的解决，之后通过民权运动和反歧视法律的实施才彻底被消除。

在稳固了国家的根基之后，下一步重大发展就是向西推进到太平洋地区，这基本确立了今天的美国国界。由于美国已经成为一个世界大国，这一时期涌现的主要文化主题包括个人主义、个人自

由、雄心壮志和乐观主义。而在下一个战略时代，独创性的文化层面成为重中之重。

以创新和职业道德为特征的工业革命标志着美国上升为全球经济领导者

富有远见的发明家和科学家为美国提供了动力，创造了塑造产业的技术，将美国经济推向了20世纪甚至更远的未来。州际铁路、电话、电报、电力、大规模生产的汽车以及农业设备的革命性发展推动了通信、旅游和生产力的重大进步。在60年的时间里，美国从几个强大的经济体之一，一举成为全球最强大的经济体，并处于工业化的前沿。

这一时期的成功有赖于美国科学家的聪明才智，而其中许多人是不久前从欧洲移民来的。在他们的创新工作下，诸如通用电气、美国钢铁、福特汽车、通用汽车和IBM（美国国际商业机器公司）这样的全球领先公司得以诞生。行业领袖展现了卓越的创造力、远大抱负和批判性思维，而这些品质正是从美国的大学、研究生院和研究实验室中培养出来的。早期的工业成功带来了许多其他领域的成功，如医疗保健领域的强生公司，消费产品领域的可口可乐和宝洁公司,以及零售领域的西尔斯和沃尔玛。最近几十年,美国诞生了一系列先进技术的全球领军者:苹果、亚马逊、谷歌、脸书和微软。显然,在过去的一个世纪中,那些拥有远见、动力和进入开放资本市场的资源的美国人所展现出的创造力成了美国经济的文化标志。

19世纪和20世纪的移民浪潮将美国变成了一个文化熔炉

事实上,早期来自欧洲、最近来自南美洲和亚洲的移民所面临的挑战和早期拓荒者所面临的挑战在很多方面是类似的。他们离开祖国,前往美国寻求机会和个人自由。美国对移民的开放进一步巩固了其机会平等和人人自由的文化传统。而移民在促进美国劳动力增长和为美国工人不愿从事的工作提供劳动力方面做出了巨大贡献。许多移民也是企业家,在少数民族社区建立了小型企业,有些扩展到美国多个地区,还有些最终成了全球大公司。同时,美国还有大量的非法移民,数量超过了1 100万,这是导致美国两极化问题的一个关键因素。反移民运动呼吁减少甚至消除移民,理由是移民抢走了美国人的工作,而且移民的罪犯比例高于美国总体人口的罪犯比例。事实表明,真正的挑战在于制造业工作岗位的不断减少，这是一种全球现象，主要是由机器人、人工智能以及未来的自动驾驶汽车等先进技术造成的。证据表明，非法移民的平均犯罪率是低于美国公民犯罪率的。这是合理的，因为一般而言，非法移民会不惜一切代价避免自身暴露在执法部门的视野之内。

美国和中国之间一个重要的文化差异是，美国拥有多元文化移民的比例非常高。历史上，少数民族人口移民到美国时会带来他们的文化遗产和风俗，从而创造了一个多元文化的美国，因此，准确定义"美国"文化是困难的。而中国与之形成了鲜明的对比，占主导地位的汉族人口约占全国人口的92%。由于不同的历史文化路径，最终展现在我们面前的中国是一个典型的文明国家，拥有悠久的儒家思想历史文化；而美国则是一个拥有多元文化的多民族国家。

近年来，美国的极化愈加严重

美国是一个二元化的西方社会，"赢家"和"输家"概念分明，政党两极分化，不同社会阶层的期待和渴望不同。美国历史上最明显的分歧发生在南方的蓄奴州和北方的反奴隶制州之

第 2 章　文化：差异的主要原因

间。17 世纪，从非洲进口奴隶开始，南北之间的这种紧张局势就持续存在，直到 1865 年北方各州在美国内战中战胜了南方。然而，矛盾并未就此消失。一直到 1965 年，禁止在投票、住房、就业和教育方面歧视非裔美国人的立法得以通过，问题才得到进一步缓解。

奴隶制并不是导致美国社会分裂、极化的主要原因。在 18 世纪 80 年代美国宪法形成期间，出现了两个相互竞争的阵营：致力于建立强大的、与英国君主制相似的中央政府的联邦党人和旨在实现州权最大化的民主党人。尽管党派的名称后来发生了变化，但这种竞争在美国历史上一直存在。近年来，民主党支持联邦政府在一系列广泛的社会和经济问题上发挥更大的作用，而共和党倾向于进一步限制政府角色，通过降低税收和减少监管给予自由企业更大的经济发展空间。

尽管竞争和辩论是美国政府运作的特点，但双方都会遵循相向而行、达成妥协的规范。但是，这种情况随着最高法院对"联合公民案"的裁决而改变。该裁决主张，政治捐款属于宪法载明的言论自由权的范围。基于此，富有的个人和企业有权绕过对竞选捐款的限制，并通过大量捐款来支持某些政治观点，而这些观点通常都是极端的。不仅如此，通过将持有这些观点的政治家推入立法机构，极端观点会得到进一步加强。放松对大型能源企业环境方面的监管，以及对美国民众普遍呼吁的、有效监管武器销售方面的缺位，就是上述现象的两个例证。

其结果是美国政府中温和派的减少和极端派的增加。这种现象导致大多数参议员和众议员根据党派路线进行投票、为执政党投票，在立法审议中将反对党排除在外。美国前参议员、《致美国的一封信》的作者大卫·博伦曾说，83%的美国人不相信两党能够携手解决国家的问题。[1]历史上，美国总是在危机来临时才能团结起来，无论是面对军事行动、环境灾难、经济萧条，还是苏联发射第一颗卫星"斯普特尼克"等挑战。但是，今天的美国是否依然能因一场危机团结起来，值得深思。

除了政治上的两极分化，美国还存在社会经济方面的分歧。收入不平等现象加剧，而所谓的"中产阶级"减税计划更是变本加厉，将在2027年以前将1.5万亿美元福利中的83%分配给那些最富有的美国人。[2]另一个重要因素是，没有上过大学的美国人所能获得的中低收入工作岗位不断减少。尽管一些政界人士声称，移民和进口是导致制造业和计时工作岗位减少的原因，但真正的根源是自动化、海外劳动力成本降低，以及企业用机

第2章 文化：差异的主要原因

器人取代许多这类工作岗位的情况。随着人工智能和自动驾驶汽车取代大量美国工作岗位，这一情况将会恶化。这种财富分化将主要居住在城市和郊区的富人与居住在农村地区、遭受巨大经济压力的穷人割裂开来。除了统计数据外，许多美国人意识到这样一个残酷的现实：从前，人们理所当然地相信，每个人的生活水平必然会超过他们父母的生活水平；但今天，这种期望对许多人来说已经幻灭了。简而言之，"美国梦"不再是现实。这一发现让许多美国人想要寻找"替罪羊"，而政客则利用这种愤怒，承诺将为人民解决问题，然而他们所给出的方案（如"收紧移民政策"）往往只是营造出一种解决问题的幻觉而已。

导致美国分裂的文化挑战是否可以得到解决？理论上，答案是肯定的。过于偏袒富人的税收优惠可以被重新调整，从而为许多人提供适当的、能保证生活的工资，并使更多人得到保障，免受高额医疗费用之苦。投资于基础设施和未来的就业机会将使所有人受益。除了税收改革，若能避免对外战争的巨大成本（从越南战争到当前的反恐战争，扣除通货膨胀影响后的相关成本超过了10万亿美元），将其用于国内，那么这有望转向应对导致社会极化的社会问题。[3]

大国竞合

支撑美国蓬勃发展的主要特质（职业道德、创新性和远大抱负）仍然存在。未来，是政府努力为共同利益而采取行动，还是一场危机促使人们重新团结起来，现在还不得而知。但从历史角度来看，问题不在于美国是否会振作起来，而在于其何时、以何种方式重新振作起来。

第 2 章　文化：差异的主要原因

中国文化特征

虽然中国文化的许多根源可以追溯到 4 000 多年前，但其精髓体现在生活在公元前 6 世纪的孔子的儒家思想中。孔子主张的核心思想是，家庭是社会的核心组成部分，家庭内部应当有明确的角色和责任分配，国家利益和社会利益高于个人利益，教育是提高个人素质的重要途径，尊重和谦逊是为人处世的重要品质。当时的社会基调是和谐与平衡。

儒家思想的本质在两个维度上与西方和美国文化有着根本不同。第一，作为一种集体文化，儒家思想相信家庭和社会应当优先于个人，而在西方，个人利益则是至高无上的。第二，中国文化注重妥协，而不是二元价值观。当前中美之间的不信任和误解在很大程度上是由于缺乏对这两个核心分歧的认知而造成的。

在探索作为中国文化基石的儒家思想如何延续了数千年之前，我们应当回顾和探究一下孔子的思想历程。孔子生活在公元前551年到公元前479年，他是中国历史上的一位教育家、思想家、政治家和哲学家。他关注地球上的生命，而把宇宙问题（生命的起源和进化、来世的性质和谁有资格转世等）留给了主要由道教徒和佛教徒组成的精神主义者。

不仅在中国，在亚洲的大部分地区，儒家思想的核心信仰和实践也延续了2 500多年，影响力无出其右。儒家思想的源远流长也许从以下几点中得以窥见。首先，历朝历代的统治阶层接受并支持儒家学说所倡导的纪律和秩序。儒家学说主张，社会必须支持并尊重政府，这一点有益于统治阶层。其次，儒家学说一直是中国的教育体系和之后的国家考试制度的基础。最后，儒家学说完全符合和谐与平衡的核心价值观，而和谐与平衡正是长期以来亚洲价值观的精髓。

下文试图通过两个发展阶段来探索儒家学说的演变历程。

第2章 文化：差异的主要原因

汉朝、唐朝和宋朝初期皆信奉儒家思想

儒家思想最初在汉朝得到广泛推崇。汉朝统治者深深为儒家强调的秩序和规范所吸引，并以此作为建立社会秩序的手段。经历了周朝的暴政和秦朝成功但残酷的统一全国的过程之后，建立秩序的确是一个重要的目标。汉朝是第一个，但并不是唯一一个采用儒家思想来实现执政目标的朝代。

另一种重要的精神和哲学实践是道家学派，大约在2 500年前由老子创立并推广。道家思想的精髓在《道德经》中得以体现，其核心内容是：第一，生命是不可知的奥秘，自然奇观就是佐证；第二，生命由自我纠正和循环的节奏构成，学会遵循这些节奏是获得满足的关键；第三，摆脱执念使人更接近道；第四，若能遵循以上三点，则个人可造福一切。道教是一种精神哲学，与佛教、儒家思想并列，是中国三大哲学和精神支柱之一。在这三者中，儒家思想更多地根植于日常生活之中，关注家庭、社会、个人角色、教育和治理，强调和谐与道德平衡。

唐朝推崇道教，但仍保留儒家思想作为教育制度和治理模式的核心。宋朝初期，儒家学说的地位得到了完全恢复，并引进了以考试为基础的择优录用制度,据此决定最高级别的政府职位的任命。任人唯贤,而不是建立在阶级或与生俱来的权利基础上的制度,符合儒家价值观,并一直延续到中国的最后一个王朝清朝。唐朝之后的宋朝引进了宋明理学,由于其强调家庭的重要性,对人民的影响更为深远。

宋明理学之父朱熹撰写的《家礼》成为家庭实践儒家理念的指南。其目标是让家庭中的每个人都变得有道德,并最终将道德行为传播到整个社会,就像基督徒对待他人如你希望他们如何对待你一样。这种对家庭的高度关注在韩国和日本也产生了巨大的影响。

蒙古族入主中原征服宋朝之后,认为中国过于广袤和多样化,如果没有高度制度化和严格的统治模式,将很难驾驭。因此,他们和汉人一样,在征服时期恢复了儒家的崇高地位,以更好地建立社会秩序和巩固统治阶级,并重建了国家考试制度。明清两代都信奉儒家思想的核心原则:家庭中心主义、德治,以及通过教育和考试来提升政府官员的能力。然而,在实践中,这两个王朝都饱受腐败的困扰。

第 2 章　文化：差异的主要原因

清朝以后，中国陷入一片混乱，战争和不断更迭的政权使儒家价值的实践仅限于家庭之中

清朝之后，中国试图建立共和政府的努力失败了，陷入了军阀混战之中。国民党和由日本人操控的傀儡政府最终取代了军阀政权。当日本在第二次世界大战中战败后，国民党和共产党之间爆发了内战，内战以共产党取得最后胜利而告终。

尽管这一时期没有推崇儒家思想，但由于延续了 2 500 多年的传统，儒家思想一直是地方层面的重要原则，其主张的家庭至上和对教育的关注为饱受战乱之苦和缺乏有效政府管理的人民提供了精神支柱。

《吾国与吾民》和《生活的艺术》这两本广受欢迎的书的作者林语堂认为，儒家思想的消极影响存在于多个方面，但在以下三个方面尤为如此。第一，对孝悌的过度强调。他说："孔子把家庭的价值抬得太高，削弱了对社会和民族的奉献精神，而这种精神在西方是无比重要的。"第二，父亲对子女的支配地位。"孔子将儿子置于父亲的掌控之下，阻碍了现代中国的发展。"第三，林语堂反对儒家社会本质上对女性的压迫。尽管他

承认，现代中国女性的待遇已经得到了显著的改善，她们可以自由决定与谁结婚、在哪里生活，还可以走出家庭，扮演更多的社会角色，包括就业。

第 2 章　文化：差异的主要原因

前景展望

对文化角色的探索使我认识到了两点。

第一，美国人的职业道德、抱负和创造力弥补了各政党之间的历史性分歧，并使美国人能够在政府内部两极分化日益严重的情况下，依然维持全球经济领导地位。

第二，对中国而言，儒家价值观对历朝历代和统治阶级的吸引力是不难理解的，因为每个政权都渴望和谐、稳定和人民的尊重。儒家思想的核心价值观至今仍然影响着中国人的日常生活。尽管中国历史上曾经历了政权的多次更迭，但家庭至上、注重教育以及自我改善、尊重和谦逊等价值观却存续了 2 500 多年，历久弥新。

大国竞合

中美两国都拥有较为清晰的历史演变途径，但未来也都面临着极大的不确定性。

美国日益加剧的两极分化是否会逆转，实现政府内部温和派的回归和两党妥协？这种转变是否需要一场危机来引发？持续的两极分化对收入不均、医疗保健、教育、基础设施和国家债务等问题可能产生什么后果？

年青一代的中国人越来越多地接触到繁荣和富足的生活，这是否会破坏儒家的核心价值观（即集体主义高于个人主义，家庭第一、享受在后，以及重视谦逊等品质）？

第 3 章

经济表现:真正的战场

经济是一切事物的起点和终点。如果没有强劲的经济,教育改革或任何其他改革都无法成功。

——戴维·卡梅伦
英国前首相

无论一个国家遵循何种经济模式和意识形态，其经济表现的好坏都直接反映了国家经济健康与否以及能否获得人民的支持。良好的经济表现能够营造一种幸福感，并让人相信未来会更美好。在最基本的层面，这意味着餐桌上的食物、住房、安全、健康和令人满意的工作。一旦这些需求得到了满足，就意味着满足了人们日益增长的期望。在本章中，我们将探索中国和美国的不同模式、核心的驱动因素以及各自表现如何。我们还将审视中美之间现有的经济关系，以及如何应对两国经济现存的问题。

各国的经济模式催生了各自的发展愿景。美国强调繁荣、平等的经济机会、个人自由、强健的人权以及民主和人权在全球范围的传播。中国追求繁荣、稳定。

美国和中国采用了截然不同的经济模式，反映了各自国家独特的历史与文化。

大国竞合

美国的经济模式

正如亚历克西·德·托克维尔在其《论美国的民主》一书中所描述的，美国的经济模式崇尚人人平等，功过由表现来决定，而非欧洲的阶级驱动模式，即阶级决定了创造财富的机会。在此模式下，政府的角色被最小化——专注于提供基础设施、金融、贸易、国防、外交、法治和其他基本服务。经济发展的引擎是在开放市场上进行竞争的资本主义自由企业，本质上就是适者生存。这种模式奖励独创性、职业道德和开放的资本市场。很明显，历史上最优秀和最聪明的人都为商业所吸引，因为商业承诺创造财富、家庭安全、个人满足和创意表达。事实上，这个年轻的国家依赖一个有机且自下而上的模式来推动其命运演进，政府扮演的是一个具备督促性和监管性的角色,而非塑造性角色。

美国经济发展的驱动因素包括创新和科技、充足的移民劳动力、丰富的自然资源、良好的环境、政府的支持以及超过其(在中国之前的)经济竞争对手的大规模进步。美国经济发展的大多数驱动因素本质上都是有机存在的,反映了经济自下而上的本质。

驱动力:创新与科技

过去150年,美国一直处于全球创新和科技的前沿,并为全球经济的发展提供了动力。美国的开创性发明和创新包括电话和电报、电力、大规模生产的汽车、航空旅行和半导体,进而促进了后来的生物技术、社交媒体、人工智能和互联网的发展。许多进步源自企业和大学实验室,以及政府资助的航空、太空、核能和互联网领域的研究。很多发现和发明背后都站着欧洲科学家的身影,他们为了躲避战争和迫害而移民美国。提倡批判性思维的教育体系是另一个关键的驱动因素,在过去一个世纪中,美国大部分真正具有突破性的产品和服务都源于此。最后,许多有影响力的科技公司在初创时就获得了风投公司的资助,并有美国强大的资本市场支撑。

驱动力：移民带来的充足劳动力

美国劳动力的特点在于强烈的职业道德、创造力和有效的教育体系。那些最初来自欧亚、近些年来自拉丁美洲的移民发挥了重要作用。这些人来到美国希望寻求更好的生活，正是他们成就了美国20世纪的经济发展。而"美国第一"的理念和对移民的限制站在了美国历史优势的对立面。除了移民外，美国企业在全球排名中的主导地位也反映了美国优秀的本科和研究生教育体系。

驱动力：丰富的自然资源和良好的生存环境

美国拥有丰富的矿产和能源资源，耕地面积充足，气候温和，天然港口和水道众多，交通便利。美国本土东西两侧有海洋与亚洲和欧洲相隔。不同于10世纪末和20世纪初被战争蹂躏的欧洲和亚洲，美国自独立战争后并无大规模外敌入侵，自内战后本土未经历过重大战争。而在世界大战期间，欧洲和日本遭受了劳动适龄人口和财产的损失,极大地影响了这些国家的经济和从日益全球化的经济中受益的能力。

驱动力:强劲的消费市场

美国的消费市场在历史上是全球最强劲的市场。高消费率对应着低储蓄率,这一度反映了美国人强烈的乐观主义精神。2016年,美国人的人均家庭消费支出为36 373美元,排世界第三位,仅次于瑞士和挪威。[1]而现在,中产阶级的"空心化"和制造业就业下滑威胁着这一由消费驱动的经济。

驱动力:州政府和联邦政府的支持

联邦政府处理各种跨州问题,包括金融、贸易、州际商业等。州政府处理各州内部的问题。尽管联邦政府和州政府在具有影响力的创新和科技方面作用不大,但在其他方面还是发挥了重要的支持作用:建设美国高速公路网络、铁路、水路和机场,以支持货物和服务在全国的高效运输;制定强有力的反托拉斯法,以防止垄断行为;提供强大的专利制度体系,以保护创新和知识产权。另外,世界贸易组织的发展保护了自由贸易,而美国财政部和美联储管理货币供给和利率,进而控制通货膨胀。如果没有这些重要的政府投资,高速的创新和科技发展就不可能实现。虽然政府的影响总体上是积极的,但随着时间的推移,仍然出现了一些重要的失误。尽管自由贸易是一种双赢局面,但具有地方保护主义色彩的贸易协定给美国带来了不利影响,并最终导致了贸易不平等。此外,尽管知识产权受到法律保护,但在 2017 年之前,这些法律很少得到执行。

第 3 章　经济表现：真正的战场

中国的经济模式

中国的经济模式具有中国特色。中国历朝历代都遵循着自上而下的模式，依靠庞大人口的中国农耕经济在 1820 年之前的大部分时期都领先全球。中国模式的基础是社会尊卑秩序，它吸引了最优秀、最聪明的人入仕，而非从事商业。这种模式让政府官员能够调节经济，确保关键的经济杠杆（税收、土地使用权、投资、法律、金融、贸易）相互保持一致。而由于鸦片战争、太平天国运动、第一次中日战争、腐朽的清政府瓦解、军阀混战、第二次中日战争、第二次世界大战、内战，这一模式在 19 世纪和 20 世纪的大部分时间中失效了。在 1978 年开始改革开放之后，中国经济又迎来了回升。改革开放让中国获得了先进国家的技术，中国在 2001 年加入了世贸组织，从而进入了全球贸易市场。今天，我们看到了中国姗姗来迟的工业革命带来的影响。这一影响被外国压迫和内战推迟了 100 多年。

在某种意义上，中国受工业革命的影响与美国相同：财富的迅速增长造成腐败、收入不平等、环境污染等问题。在过去 40 年间，大部分西方媒体在批判中国的时候都忽略了这一点。

在中国，行政部门执掌大权，而非与司法和立法部门三权分立。中央对经济强有力的控制使得中国能够采取迅速而大胆的战略措施以提升经济。美国反对中国政府为一些行业提供补贴，一些美国人认为美国政府应该考虑采取同样的措施来对抗中国。

在中国的政治体系中，干部的选拔和晋升基于严格的绩效考核和同行选举，依功绩能力而定。这一过程意味着大多数高层领导拥有很强的教育背景和工作经历，包括在中央部委、主要城市和省政府、国有企业和党内任职的经历。严格的轮岗制度确保了个人经验的丰富性。

中国的经济模式与美国的公司模式相似，但在以下两个方面更为强大。一是对所有经济驱动因素的控制，包括劳动力供给、税收政策、财政政策、贸易协议、法律法规以及与其他国家签署的矿产和能源供应协议。二是能够利用国家的财政资源进行大规模投资，此类投资通常被纳入中国的"五年规划"之中。这使得中国可以迅速并有效地制定和执行重要的战略决策。例如，中国通过利用低成本劳动力从农耕经济转型为世界领先的制成品出口国。中国第二代领导人还将中国经济发展的重点从国有企业转移到民营企业，以促进市场化经济转型。另外，"韬光养晦"政策使中国能够利用西方的先进技术和自由的贸易环境来发展自己。

中国经济是由国家领导的经济体制。对一些西方人来说，这让人联想到由供给而非市场驱动的中央计划经济。那么，是什么推动了中国过去40多年的经济成就呢？

驱动力：企业治理模式

中国的改革开放政策在某种程度上汲取了新加坡的经验。新加坡在较短时间内创造经济奇迹的原因在于其效仿大型企业的经济模式：一个强大的领导者/CEO（首席执行官）、指明方向和履行监督职能的董事会、基于功绩和能力选拔出的强大的管理层，以及注重长期战略方向和短期执行结果。决策经闭门讨论、达成共识后做出，不受外部干扰。新加坡也举行选举，但历史上其执政党均以明显优势获胜。如果在一个有反对党、三权分立的民主治理模式中，新加坡的模式几乎是不可行的。

在过去40年间，中国经济的持续、强劲增长归功于政府的战略决策。每一项决策都在推动中国经济发展中发挥了关键作用，如果没有一个强大的中央政府来推动，这些决策将无法实施。

- 家庭承包责任制使得农民在产量超过配额时可以在公开市场上出售，激励了农民扩大产量、提高产品多样化。[2]
- 1982年乡镇企业的创建取消了对企业家销售产品的限制，掀起了一股创业潮。投资资金涌入中国香港、中国台湾和海外华人小企业家身上。这些企业家利用国外的新技术，代表了中国制造业出口的第一阶段。这些企业的就业人数从1978年的2 800万增加至1996年的1.35亿。同期产出从不到GDP的6%增长到26%。[3]
- 1992年以后，深圳和其他沿海城市建立了经济特区。经济利益刺激了小规模乡镇企业的繁荣，并使中国通过利用低廉劳动力成本成了世界领先的制造业出口大国。有了这些经济特区，中国可以对不同的贸易条件进行试验。
- 1992—2013年，对基础设施的大规模投资平均超过了GDP的8%，使得中国能够迅速建设世界一流的高速公路、高速铁路、港口、机场和城市。同期的全球平均水平仅为GDP的3.5%。美国每年用于基础设施的投资约占GDP的2%。[4]
- "一带一路"倡议主要利用了基础设施建设能力以及与亚洲国家和发展中国家的贸易关系。
- 展望未来，中国大力发展技术密集型行业的计划如果成功实施，将使得中国经济从低附加值的制造业转移到高附加值行业，例如软件、人工智能、生物技术、高级计算机、机器人和航天领域。拿人工智能行业来说，预计到2030年，中国国内人工智能市场价值将达到1 500亿美元。[5]

驱动力：城镇化

城镇化是中国经济增长的一个重要引擎。卡内基亚洲项目高级研究员黄育川在其《破解中国之谜》一书中指出，当一个农民搬到城市时，其生产率提高了6倍。[6]考虑到农民的工资并没有相应地提高，这种转变就为经济创造了盈余。截至2017年，中国城镇化率达到了58%。根据世界银行和麦肯锡全球研究所的分析，德国在1979年城镇化率为73%，日本在1995年为78%。[7]这表明中国的进一步城镇化将带来巨大的好处。城镇化能够使生产力大幅提升，使政府能够比在农村地区更有效地提供公共服务，如教育、医疗和住房。短期内的挑战仍然是，政府缺少提供公共服务所需的资金。城镇化也伴随着人的挑战，其中包括农民工难以获得城市公共服务，以及农村地区留守老人和留守儿童问题。由国家支持的城镇化有效地说明了集体主义社会的差异性。中国在短期内所要实现的城镇化规模让人赞叹。日本、韩国和西方国家的城镇化速度相对较慢，居民可以获得公共服务，并且个人自行决策的经济激励更强。

驱动力：庞大且迅速增长的中产阶级

中国的经济增长越来越依赖消费，消费为2018年上半年GDP的增长贡献了近80%。[8]服务在推动消费方面起着关键作用，其占GDP增长的比例从2010年的44%提高至2017年的52%。[9]

服务业增长的益处良多，因为国外提供的服务有着很高限制，这些限制可能会随着时间的推移而取消。更重要的是，据估计，中国服务业的生产率为经合组织国家平均水平的15%~30%。[10] 推动服务业增长的引擎是教育和医疗，后者规模在未来几年将出现大幅增长。2015年，中国在医疗行业的支出仅占GDP的5%，而全球平均水平为10%。[11] 中国消费者市场的发展情况表明，预计到2027年，中国不断增长的中产阶级将超过美国和欧盟之和。[12]

驱动力：从国有企业转向民营企业

1978年以前，中国的主要企业都是国家所有。在国有企业工作被认为是"铁饭碗"，政府满足了工人从摇篮到坟墓的所有基本需求。当时政府认为，国有企业模式与提高生产率和绩效的目标不相符，因此启动了一项计划，以鼓励民营企业的发展，精简或关闭没有效益的国有企业。"铁饭碗"模式逐渐被业绩和生产率取代，这造成了数百万人的裁员。为了避免裁员可能造成的社会混乱，发展能够创造数百万个就业岗位的出口型制造业正当其时。最后，国有企业通过将少数股份进行IPO（首次公开募股），进一步加大了业绩考核的压力。这种方式与俄罗斯的情况形成了鲜明对比。俄罗斯的主要国有企业以低价出售给寡头，牺牲了国家的利益，使少数人变得富有。2018年，由于平安、华为、阿里巴巴和腾讯等大型公司的发展，超过60%的经济和80%的城市就业是由私营部门推动的。[13] 目前国有企业的业绩大为改善，其资本收益率在10年前只有私营部门的一半左右。[14]

驱动力：消费者储蓄率高企

中国消费者储蓄率高达35%~40%，为投资提供了大量资金。[15] 这与美国形成了鲜明的对比，后者平均消费者储蓄率仅接近6%（1960—2018年）。[16] 储蓄率如此之高的部分原因在于中国人的节俭本性以及儒家"享受在后"的价值观。此外，这也与政府所提供的安全网相对不发达有关。中国有些消费者需要自己保障退休收入，并存钱以备重病医疗和辅助生活服务。虽然消费者储蓄是国家的重要投资来源，但这些储蓄资金并未得到有效利用。大部分资金以极低的利率投资于国有银行，为政府和国有企业提供资金，投资回报相对较低。如果将这些资金投资于或作为贷款提供给民营企业，经济将得到飞速发展。

第 3 章 经济表现：真正的战场

驱动力：利用西方市场

在某种程度上，中国的经济成长得益于西方的市场。中国意识到，中国与日本、韩国和西方国家之间的经济差距在于科技驱动的生产力差距。美国曾迟迟不承认中国是一个经济竞争对手，并忽视了中国的快速发展。除了半导体制造业之外，中国在先进技术方面逐渐实现了自给自足，出口对于经济的重要性也日益下降。此外，中国加入世贸组织，进入了全球市场，这使得中国出口贸易急剧增长。

驱动力：创业能力

无论是在国内还是在国外，中国人民一直以来都具有创业精神。多个世纪以来，这股活力集中在中小型企业的建立方面，包括餐馆、干洗店和零售商店。第一股大型创业浪潮始于 20 世纪 80 年代乡镇企业的兴起。而近年来，中国正大规模创立新企业，其中独角兽企业（至少价值 10 亿美元的初创公司）占 91 家，接近全球独角兽企业数量的 30%。[17] 美国在过去 250 年是重大突破性技术的领军者，而中国的创业公司通常聚焦于美国突破性技术相关的应用。

虽然苹果、谷歌和脸书创造了极其成功的产品，但它们制造的是完全融合性产品，消费者可以选择买或不买。中国凭借其庞大的消费市场，着眼于整体化产品的所有可能应用，发现了不同客户群体的巨大潜在差异，并打造出了专业化产品。在中国，即使是一个细分市场，也可能价值数十亿美元。人工智能领域的预期爆炸式发展在中国创造了巨大的机遇。很多专家表示，中国在这一领域与美国同样先进，考虑到中国四倍于美国人口的优势等因素，未来中国可能比美国发展得更快。

许多创业机遇将带动服务业飞速发展，而中国在服务业领域的生产力远低于经合组织国家的水平。支付领域已经出现了重大创新，在中国，微信支付和支付宝支付在各大城市随处可见，它们即将淘汰现金支付。

驱动力：省级政府和主要城市之间的竞争

中央政府鼓励省级政府和主要城市之间开展高水平竞争，以更好地促进在中央决策方向下的经济增长。对官员的评估一部分基于经济指标，这会影响官员的激励和晋升。过去的经验

第 3 章　经济表现：真正的战场

表明，这种方法的固有风险在于结果被夸大。美国各州之间也会开展竞争以吸引公司入驻，但联邦政府无法提供中国的中央政府所提供的激励措施。最后的净效应就是，中国各省之间的竞争水平远胜于美国各州。

中美经济关系

在探讨中美在贸易、投资和人才领域的关系之前,我们应该首先考虑中国对世界以及世界对中国的经济敞口。如果我们将贸易、技术和资金敞口汇总在一起,那么从2000年到2017年,中国对世界的敞口收缩了25%。与此同时,世界对中国的敞口增加了3倍。[18] 这反映了中国国内经济的蓬勃发展,世界各国企业争先恐后地来到中国,同时中国大幅收缩了对美国的敞口。

贸　易

美国近年来对其贸易逆差日益关注,但重要的是,其贸易

第3章 经济表现：真正的战场

逆差并未包括服务业，美国在服务业领域有着相当大的贸易顺差。具有讽刺意味的是，在美国对贸易逆差的关注逐渐上升的同时，中国的贸易顺差从2007年占GDP的10%降至2017年的1.3%。[19] 由于贸易摩擦，中国预计将减少与美国的贸易规模，而扩大与日本、以色列、意大利以及发展中国家的贸易规模。

尽管美国正在提高对中国商品的关税，并迫使中国加大其对美国农业、能源和其他领域的进口，但这可能成为一个赢得战役却输掉战争的例子。中国的平均关税水平为3.8%，比全球平均水平的2.6%高出近50%。[20] 虽然关税这笔账对中国经济产生的影响微不足道，但消费者信心的下降和失业的二阶效应可能会引发一系列问题。

美国对中国获得高科技的限制无疑促使中国努力减少对美国的依赖。贸易摩擦的另一个影响是美国的物价，根据记录，当关税上升时，是消费者而非生产者承担了大部分成本。这就导致关税上升的商品的物价被迫上涨，而相关需求有所下降。特朗普政府所鼓吹的目标之一是让美国的制造业工作岗位回归，而大型企业的老板却表示，他们会在国外寻找低劳动力成本的替代，而不是把这些工作转移回劳动力成本昂贵的美国。对美国来说，关键是如何进入庞大的中国市场，这一点远比关税问题更重要。美国能否通过贸易谈判获得更大的市场，抑或失去现有的市场，仍有待观察。

投　资

现在每个希望在美国投资的国家都必须通过美国外国投资委员会（CFIUS）进行投资，该委员会负责监督外国对美国企业的投资程度和可能对美国构成威胁的投资活动。除了美国外国投资委员会对中国与美国公司交易的限制外，美国还希望从另外两个方面限制中国的发展。一方面，说服其盟友将类似于美国外国投资委员会的限制条件应用于中国可能在科技领域方面的交易。另一方面，本质上类似，即努力阻止华为在移动通信的新兴5G领域与美国的盟友达成交易。华为在下一代电信网络5G技术领域领先全球，而5G将成为一项全球竞争激烈的技术。美国声称中国政府可以利用华为网络来破坏华为客户的数据安全系统，并努力以此为由说服其他国家不要购买华为设备。鉴于美国强烈的"美国优先"立场，其对其他国家施加影响的程度尚不得而知。

此外，很多人并不清楚，美国仅有不到1%的外国直接投资（FDI）流向中国。同样，2018年中国对美国的外国直接投资比

第3章 经济表现：真正的战场

2017年下降了90%，并在2019年继续下滑。[21]

人　才

除了技术交易外，另一个关注的焦点在于人才。美国正在多方面收紧签证要求，包括受过高等教育的科学家。近年，大约60%的中国留学生在美国毕业后返回中国。[22]除此之外，许多中国科学家还在美国的公司或大学实验室工作。如果美国继续对科学家和科技专业施加限制，中国可能会激励他们回国。另外，可以预计，国外大学将在中国建立高科技实验室。鉴于中国在科技领域的持续进展，限制人才转移不太可能阻碍中国对先进技术的关注，许多科学家认为这会对美国造成损害。

两种经济模式在历史上都非常成功并极具韧性

从表面上看,两种经济模式截然不同:美国是自下而上的自由企业资本主义,中国是自上而下由政府主导。但如果进一步分析,我们就可以看到两种经济模式的相似之处。虽然美国对商业的态度一向持极简主义,但就政府介入程度而言,从20世纪早期的反垄断解散托拉斯到法规激增、征收关税以及加强对并购的控制,很少有企业认为美国政府并未介入。中国政府比较关注经济各方面,中国经济增长的主要动力是私营企业,而政府对私营企业的直接介入一直是适度的。那么,我们是否应该对这两种不同但存在共性的经济模式都取得了成功而感到惊讶?

第 3 章　经济表现：真正的战场

近 150 年来，美国一直是全球最大的经济体，这是 19 世纪后期工业革命的成果。除了经济规模外，美国还在多个技术驱动的行业处于全球领先地位，包括航天和商业航空、生物科技、电信、信息技术、社交媒体和互联网。美国在大多数主要服务领域也领先全球，从法律、IT（信息技术）服务、医疗保健、广告到会计和咨询。截至 2018 年，在全球最具价值的公司排名中，美国遥遥领先，全球 500 强公司中有 126 家为美国公司，这个结果亦在意料之中。[23] 美国还通过世贸组织推动贸易全球化，通过世界银行、国际货币基金组织和美国大型银行推动金融全球化。美国利用自己的银行在全球的主导地位向各国施压，以支持美国对伊朗等国的制裁。

中国的表现也十分出色，但所用时间短得多：40 年前，中国开始了工业革命。中国 GDP 年均增长 10%，远远超过了同期其他大国。[24] 显然，中国经济的高速增长反映了其起点低，但在全球第二的基础上，其 GDP 的增长率超过了 6%，远超所有西方大国。在全球 500 强企业中，中国企业数量也在追赶美国。除了半导体制造和生物科技之外，中国的大多数先进科技产业与美国并驾齐驱。这表明，在未来，美国和中国将成为主导世界的经济体。

大国竞合

除了经济表现极佳,事实证明,两国经济还具有极强的韧性。自下而上的自由企业资本主义的经济模式经历了一系列重大事件而保持相对不变,其中包括:1929年大萧条;打破石油、钢铁、电信、铁路等行业垄断的反托拉斯行动;第二次世界大战;肯尼迪总统被刺杀;越南战争和民间动乱;2001年互联网泡沫;"9·11"恐怖主义袭击和随后的中东战争,以及2008年全球金融危机。在这些危机和变革期间,美国金融市场经历了高度波动,一些重大机构倒闭,失业率上升。尽管如此,由于生产力的稳步增长和技术驱动的新市场的出现,美国经济鲜少出现负增长。潜在的经济引擎强大且具有韧性。尽管一些人将2008年金融危机视为美国经济脆弱的征兆,但美国接下来10年间的强劲复苏强化了其历史性恢复力。

虽然在1978年改革开放之前,中国经济遭受了许多严重的冲击,但它的经济模式持续了下来。后来,中国重新调整了经济结构,为其后几十年的平均两位数的GDP增速搭建了舞台。

尽管这两个经济体都非常成功,但两者都面临着诸多不确定性因素,这些因素极可能会威胁未来两国GDP的增长。

第 3 章　经济表现：真正的战场

先进技术——谁才是赢家

考虑到中国要将重心从低成本、大规模生产商品的制造业出口转向高附加值产品和服务，核心的战略问题是中国能否在未来几十年里在软件、人工智能、半导体、先进材料和生物科技等行业赶上或超越美国。以下问题的答案将决定结果。

- 美国的达尔文模式在于有数千家初创公司，企业在研发上花费了数百亿美元，还有强大的技术型大学作为支撑。这种模式能否像过去一样，继续在新技术领域培养全球领导者？
- 美国政府是否需要像中国一样，在一定程度上投资和协调民营企业？
- 在这场比赛中，以下自然优势对中国有多重要？

　　第一，越来越重视数学和科学学科的强大教育体系。美国的签证限制会削弱还是加快这一优势？

　　第二，中国是全球最大的消费市场，过去 10 年产生了越来越多的全球消费巨头——阿里巴巴、腾讯、百度和华为等。中国也对一些外国公司进入中国市场有所限制。西方国家是否会在贸易协议中强迫中国开放市场？

第三，研发支出的快速增长——仅在2017年，中国研发支出的增长就超过了12%，稳步缩小了与美国之间的差距。[25]

- 中国政府正大力投资支持新技术——鉴于美国投资者为了收益稳步增长而施加的压力，美国私营企业是否有资源与中国竞争？美国的主要企业之间是会合作进行研发还是继续相互竞争？
- 消费者隐私问题。在发展人工智能的过程中，中国能够获取大量消费者数据。这是否会引起消费者的反感？
- 一些中国科学家出国留学并留在了国外。中国能否通过将激励措施和民族主义相结合，吸引这些顶尖的科技人才回国？
- 美国在芯片制造领域拥有领先5~10年的优势，这是发展许多先进技术的关键能力。中国计划在人工智能领域投资1400亿美元，这项计划能否使其在芯片制造领域赶上美国？

尽管谁是"赢家"在情感上对一些人很重要，但大多数权威人士认为，两国仍将保持全球领先的地位，各自在一些领域领先、一些领域落后。

人口迅速老龄化：提供全面社会保障体系所需的巨大投资在多大程度上会削弱未来的经济增长率

美国将近16%的人口已经超过了65岁。到2050年，这一比例可能增长至22%。[26] 接近一半的美国人的储蓄水平尚不足以在退休之后维持自身生活水平。社会保障和医疗项目已相当成熟，但两者都资金不足，需要大量的资金支持或推迟退休年龄（后者在政治层面具有一定挑战）。这些成本将对美国经济造成多大的拖累？

目前，中国10%的人口已超过65岁，预计到2050年，这一比例将增长至28%。[27] 中国的社会保障体系仍不成熟，医疗体系亦是如此。中国正在对两者进行投资，但仍然任重道远。而与社保体系不健全相对应的是中国的高居民储蓄率（超过35%）以及养儿防老的传统。熟悉中国的家庭关系和中国人的责任心等方面，对于了解中国的储蓄率问题起着关键作用。虽然中国经济面临压力，但中国人民的抗压能力已经使其克服了许多严峻挑战，这意味着未来中国也将适应这一新的社会环境。

一些关键的问题尚未找到答案：

- 美国人会选择更长的工作时间还是接受较低的生活水平？基数庞大的老年选民是否会施加政治压力，以牺牲经济增长为代价来改善福利？
- 中国庞大的老龄化人口的储蓄水平届时是否足以实现相对自给自足，抑或他们需要孩子来赡养？独生子女政策对家庭结构的影响将对最后的结果起到怎样的作用？这被称作"4-2-1"挑战：四个祖父母，两个父母，由一个孩子赡养。
- 中国政府、企业和投资者是否会建造低成本的退休社区以降低老年人的住房成本？

自由贸易模式：自世贸组织成立以来已基本就位的自由贸易模式是否会让位于贸易保护主义的大环境

显然，这是全球经济的一个大问题，尤其对美国和中国这两个最大的贸易伙伴来说。如果经济理性最终占据了上风，两国决定重建自由贸易，那么对两国来说，结果应该是双赢的。但是，鉴于高附加值技术产业在历史上一直由美国所主导，如果美国在这些产业的领导地位问题上感受到了"中国制造"的威胁，那么贸易战将会持续下去。

中国对美贸易规模占其总贸易规模的百分比已出现稳步下滑。随着"一带一路"倡议越来越受欢迎，这一趋势正在加速。到一定时候，美国的优势可能会变得无关紧要。

作为贸易协议的一部分，中国是否会向美国开放市场？这个问题远比贸易战的短期经济账更具经济意义。美国大公司都明白这一点，政治家是否明白则很难说。

债台高筑：中美两国不断增长的高额债务在多大程度上会抑制经济增长

万亿美元税制改革方案使得美国债务最近暴涨至GDP的105.4%。虽是历史高位，但其占GDP的比重远低于中国的一半。非官方估计，中国债务水平约占GDP的300%。中国声称，政府和企业的去杠杆化是一项头等大事，但去杠杆化不可避免地会抑制GDP增长率。

问题就在于,两国是否会预见未来几年 GDP 增长缓慢的结果。中国去杠杆化的优势在于其经济增长率是美国的两倍有余,所以比美国更能吸收去杠杆化的影响。中国在处理债务方面也具有更大的灵活性,因为中国的债务完全在国内。美国的债务和货币在很大程度上为其他国家和国外机构所持有,这导致其灵活性远低于中国。

特朗普政府时期采取了一系列与历史增长动力相反的立场,这些立场遭到了美国公司的普遍反对。从长远来看,这对美国经济造成了伤害

一是贸易摩擦,这与美国长期以来致力于自由贸易背道而驰。除了修正有利于中国的贸易条款外,美国政府声称其目的是重获制造业工作岗位。但这不太现实。

二是遏制移民。这可能会在两方面伤害美国的经济。其一,非熟练劳动力的减少,历史上这些人从事着美国人不愿意做的工作,如家务和农活。其二,在美国担任许多重要科学和管理职位的高学历移民受到影响。

第 3 章　经济表现：真正的战场

零和博弈有害无益

美国和中国各自在过去的 150 年和 40 年间都克服了诸多挑战，维持了强劲的经济增长。尽管挑战令人畏惧，但过去的成绩表明，无论下注押中国输还是美国输都是不明智的。此外，"谁将是赢家"这个问题是一个基于零和博弈理念的非常"西方"的问题。事实上，美国经济的蓬勃发展不会伤害中国的利益，中国经济的强大也不会伤害美国的利益。中美两国可能会在不同的经济领域胜过对方。可以预料的是，美国将更努力致力于保护自身利益，中国将继续注重保护自己的利益。

第 4 章

教育体系:重要性随着先进技术的快速发展而凸显

没有哪项投资能产生像教育投资那样巨大的回报。受过教育的劳动力是每个社区的基础,也是每个经济体的未来。

——布拉德·亨利

俄克拉何马州前州长

未来几十年随着中国和美国在推动经济发展的高附加值行业方面加大竞争力度,人们越来越关注教育体系如何为这些行业培养人才。教育体系是影响一个国家经济表现的重要因素。中美两国之间的主要差异在于,美国的小学由州和地方层面管理和资助,长期面临资金压力,因此经常不得不削减开支。中国的学校也是由地方层面管理,由中央政府监督,政府将学校的不断升级改善作为目标。

在本章中,我们将探讨在不同的历史和文化背景下所塑造的美国和中国的教育制度,阐述两者之间的差异,并思考从中可以学到什么。

大国竞合

美国教育的历史和文化背景

自 1635 年美国第一所公立学校开办以来,联邦政府在确保教育体系能够培养美国经济竞争力所需人才方面的作用已经减弱。这与"最小化政府"的治理模式一致,即将教育主要委托给各州和地方政府管理。在美国历史上,就此问题有两个例外。第一个是美国在 1958 年苏联发射人造卫星后通过的立法,拨款 10 亿美元用于加强美国的数学和科学教育。第二个是里根总统曾发起一份报告,指出美国学校"表现极其不佳"。

联邦政府就公立学校所采取的绝大多数措施都与收入、种族、性别和性取向歧视等社会问题有关,试图引进标准课程和更多采用标准化测试的努力都没有成功。在各州层面上采取的

第 4 章　教育体系：重要性随着先进技术的快速发展而凸显

措施主要基于经济考量，这也直接导致了开支削减以及近来频繁的教师罢工现象。教育体系中的一个重要力量是成立于1857年的美国教师联盟，它在教师资格、培训、任期和工作条件改善方面发挥了重要作用。但关于教师联盟是否在保护教师权益的同时成功地促进了教育进步，依然是一个尚无定论的热议话题。

在美国公立学校之外，还有一个庞大的从幼儿园到12年级的私立学校体系，涵盖小学、初中和高中。私立学校占美国所有学校的25%，其学生数量占入学总人数的10%，它们在表现和教育目标方面各不相同。[1]

大国竞合

中国教育的历史和文化背景

如前所述,在儒家社会中,教育是至关重要的。个人有责任通过教育来实现自我完善,以更好地为家庭和社会做贡献。父母的首要责任是教育子女,作为回报,子女应服从和尊重父母,并使他们老有所依。在中国社会,这种对教育的关注已延续了 2 500 多年,并被科举制度进一步强化。这种考试和教育体系侧重死记硬背,偏向儒家经典而不是批判性思维。由于孝顺的观念,父母普遍积极参与孩子的教育,学生也被灌输不能辜负父母期望的思想。

尽管中国在 19 世纪和 20 世纪经历了一些动荡,包括在 1966—1976 年中止了高等教育,但在改革开放之前,中国教育

第4章 教育体系：重要性随着先进技术的快速发展而凸显

体系的核心设计并没有实质性改变。中国政府逐渐意识到，由于在制造业和科技方面的停滞不前，中国已大大落后于西方、日本和"亚洲四小龙"。因此，中国的学校更加注重数学和自然科学，并逐渐在死记硬背和批判性思维之间实现了平衡。除了转变教育模式，中国早年鼓励最优秀的学生去西方，尤其是去英美两国的顶级大学深造。另外，独生子女政策让父母更有压力敦促孩子成才，相应地，孩子们也感到自己有更大的责任不辜负父母的期望。

2001年，中国对教育体系进行了改革，敦促教师多在课堂上提问学生，并将课堂形式从一排排课桌改为更具互动性的马蹄形，以鼓励学生参与。学校教育中融入了整合性思维。中国第二轮高等教育改革于2018年开始，其中最大的变化是选修课从144门中的26门增加到了88门，因此，学生可以更好地追求自己的兴趣。教师培训的重点从背诵事实性知识转向强调"如何"和"为什么"。从西方引进的案例教学法强调批判性思维和综合性思维。体验式学习，或者说"干中学"的概念也被引入中国教育体系之中。

随着东南亚成本较低的替代产品的出现和劳动力被机器取代，中国作为世界制造业出口大国的地位有所下降。中国政府鼓励加大对 10 项高附加值先进技术的投资，包括人工智能、生物技术、电动汽车、高速计算机和先进软件。[2] 由于美国目前在这 10 个目标技术市场的大多数中占主导地位，美国政府认为中国的政策对其构成了挑战。

中国政府将这 10 项先进技术和科学领域列为优先发展的领域，并甄选这些领域中最优秀的年轻学生进入一流大学。1980—2001 年，由于大学毕业生供过于求和高技能职业工人的短缺，中国中学生参加职业学习的比例从 19% 跃升到 45%。[3]

第4章　教育体系：重要性随着先进技术的快速发展而凸显

中美教育模式的主要区别

美国强调批判性思维和个人发展

美国的课堂历来通过提问、讨论和辩论鼓励学生积极参与，教师的角色是召集而不是说教。美国的学校设立课堂讨论和频繁的小组或合作项目，以培养学生的协作和沟通技巧。在2001年改革之前，中国的模式是教师讲课，学生聆听和记忆，不鼓励学生积极参与。目前，中国的教育模式正在向更具互动性的课堂和批判性思维转变，但由于中国教育系统规模庞大，并且变革是根本性的，成功转变需要更多时间。

美国的课程涵盖广泛的选修科目，而中国的课程则更加标准化，重视历史、文化、语文、英语和数学等科目

美国的课程并不是全国统一的，而是根据各州和地方法律的不同情况而有所不同。曾经作为必修科目的历史和公民课程已不再是普遍必修的课程。反观中国，虽然开设的选修课越来越多，但历史、文化、语文、数学和英语仍然是核心课程。

美国仅将标准考试作为大学录取程序的一部分，而中国的大学录取几乎完全依赖于考试

学生能力倾向测验（SAT）和美国大学入学考试（ACT）在美国大学录取过程中经常互换使用，但它们仅仅是学校考虑的许多因素之一。在中国，一个学生有资格上哪所大学是由高考成绩决定的，因此，高考在中国可谓是成败攸关的考试。事实上，进入美国顶级高中的中国学生也经常参加考试，并且表现通常优于美国学生。

第4章 教育体系：重要性随着先进技术的快速发展而凸显

中国公立学校对教师的尊重程度和教师素质明显比美国更高

2018年"全球教师地位指数"显示，在35个主要国家中，中国在尊重教师职业方面排名第一，而美国的排名则是第16位。排名的一个组成部分是与其他职业进行的比较。在中国，教师的地位与医生相当，备受社会尊重。[4] 此外，英国的一项研究表明，平均而言，中国的教师是从排名前1/3的大学毕业生中招聘的，而美国的教师则是从后1/3的大学毕业生中招聘的。

与美国父母相比，中国父母在教育过程中的参与度高得多

衡量支持水平是困难的，但"中国父母在教育过程中的参与度更高"这一结论是有依据的。第一，教育在儒家价值观中占首要地位。第二，由于独生子女政策，绝大多数中国家庭只有一个孩子。第三，研究显示，中国父母平均15%的收入花在给子女雇用辅导老师、让子女参加周末补习班和其他额外的教育开支中，而这一数字在美国仅为2%。[5] 在北京时，我看过《中国日报》头版的一张照片——数百名家长为坐上公交车去高考

的学生加油鼓劲。这一幕在美国是很少出现的。我还了解到，许多学生的父母为了让孩子上更好的学校而举家搬迁。

美国的大学体系比中国的成熟

美国的大学体系的历史可以追溯到 17 世纪，许多大学拥有超过 10 亿美元的捐赠基金。在全球排名前 100 的大学中，美国有 33 所，而中国只有 7 所。[6] 和中小学一样，中国的大学也主要由国家资助，而美国大部分的顶级大学都是私立的。20 世纪上半叶，一些动荡阻碍了中国大学体系的发展，导致大学体系目前仍发展欠佳。

第 5 章

人权与法治：美国的绝对主义
与中国的相对主义

如果你关心不公正、自由和人权,那么你就会关心全世界的不公正、自由和人权。

——劳拉·洛根

南非电视广播记者和战地记者

我在阅读和访谈中发现，中美之间极容易产生误解的一个问题是人权问题。想要弥合分歧，必须了解两国不同道路和现状背后的三个背景差异。

第一个背景差异是个人主义国家和集体主义国家之间的区别。在美国这样的个人主义国家，人权首先是个人所享有的权利。这一传统可以追溯到美国的建国时期，个人权利在最初的宪法和《权利法案》中就已经载明。而在中国这个有着几千年历史的集体主义国家，社会和家庭的福祉高于个人的权利。这种心态的根基是2 500多年来对中国文化有着深远影响的儒家价值观。这种区别是根本性的，并导致在具体问题上出现大相径庭的结果。例如，中国的独生子女政策旨在应对人口过剩和资源短缺所造成的社会问题。但在美国，这种行为被认为是不正当的。

第二个背景差异是美国的绝对人权观与中国的相对人权观

之间的区别。美国的做法是拓荒者和开国元勋对自身所经历的人权缺失而做出的回应。因而，人权在美国被认为是绝对的和不可剥夺的，这一点在1789年开国元勋签署宪法时早已阐明。而中国对待人权的态度深受20世纪中国人民所遭受的苦难的影响。历史上，超过1亿中国人死于外国侵略、太平天国运动、军阀混战等。因此，中国人首先关注的是粮食、衣物和住房等基本需求。今天，中国在扩大并加强公民人权方面取得了巨大进步。

第三个背景差异是每个国家及其现任政府的历史长度。在美国，政府结构从未发生改变，我们今天所知的选举民主体制从未经历过军事接管、政变和革命。这并不意味着今后永远不会发生变化，因为美国是一个非常年轻的国家，并且许多美国人对这种迄今为止一直存在的体系表示失望和愤怒。中国是一个历史悠久的古老国家。在中国历史上，当政府不能满足人民的需求，或不能提供稳定的社会环境时，就会经历改朝换代。因此，政府十分重视社会稳定。

除了这些背景上的差异，美国和中国的人权继续朝着相同的方向发展：政治权利、个人自由、法治、宗教权利、少数群体权利、性少数人群（LGBTQ）权利和妇女权利。

第 5 章　人权与法治：美国的绝对主义与中国的相对主义

美国的个人主义与中国的集体主义对人权发展的塑造作用

在美国，个人主义是关于"小人物"的。"美国梦"的核心是白手起家，讲述的是克服逆境及凭借自己的天赋和毅力获得成功的人们的故事。这些人物包括发明家、企业家、艺术家、运动员、科学家、艺人等，他们在各行各业取得了伟大的成就，而且克服逆境越多的人越受欢迎。当人们为个人取得成就而欢呼时，他们往往忽视了家人和朋友的支持。

这种心态也存在于关于司法系统不公平对待个人的"美国故事"中。当媒体高调报道个人战胜大公司、医生、医院或其他大型机构时，美国人会蜂拥对这些个人表示支持。个人权利和机会平等的原则尽管在实践中执行得有好有坏，但它载明于宪法和《权利法案》中，并在理论上具有法律效力。这种权利是开国元勋针对欧洲权利的匮乏而赋予所有公民的。

在中国，最重要的首先是家庭和社会的福祉。个人主义和集体主义之间的差异听上去似乎仅仅是语义方面的，但当它们应用于具体问题时，其影响可能是非常深刻的。

持枪权

在美国，持有和携带武器的权利受到宪法第二修正案的保护，因而包括军事突击步枪在内的枪支在美国社会泛滥，美国私人拥有枪支的比例全球最高，并且与枪支相关的死亡率也几乎最高。2017 年，美国与枪支相关的死亡人数多达 40 000 人。[1] 持枪权在美国是最有争议的个人权利，多轮民意调查显示，大多数美国人支持对枪支进行更严格的限制。在中国，与几乎所有的第一世界国家一样，预防私人拥有枪支可能导致的社会风险的需要凌驾于个人持枪权之上。

第 5 章　人权与法治：美国的绝对主义与中国的相对主义

不同观点者

在美国，每个人都有权表达自己的政治观点，包括一些可能会被认为是颠覆性的观点。在涵盖广泛观点的多党制框架内，这种思维方式是自然而然的，并且观点的多样性受到个人权利中的言论自由和新闻自由的保护。在中国，政府会经常征求关于提高政府效率或确定优先事项的建议。中国政府深受民众支持，这在很大程度上是因为政府为人民带来了长期的繁荣和稳定。

美国人权的意识形态、绝对主义定位
与中国人权的实用主义、相对主义定位

  中美之间的一个核心的、对人权具有重要影响的差异在于两国处理问题的态度。美国对意识形态的关注受到犹太基督教二元价值观的深刻影响：非对即错、不入天堂便下地狱、非输即赢。而中国的东方价值观注重和谐与平衡，而不是黑白分明的极端。

  在美国，人权被描述为绝对的和不可侵犯的。联邦政府的立场及其对问题的裁决权是不可剥夺的，但具体权利的行使通常留给各州。这造成的结果是，性别、种族、性取向甚至年龄都成为公民充分行使选举权和其他权利的阻碍。妇女权利就是一个例子。在许多情况下，妇女权利落后于男性权利一个多世

第 5 章　人权与法治：美国的绝对主义与中国的相对主义

纪，并且至今仍未得到普遍执行。

美国的"绝对"人权观形成的原因之一是国家的长期稳定。在 19 世纪的主要扩张时期，美国边境安全无战乱，并且丰富的自然资源使人民的衣食住行一直都能够得到基本保障。

中国在人权问题上采取了不同的、不那么绝对的方式。时常有战乱纷扰的边境（尤其是在北方），以及用有限的耕地养活世界上最多人口的艰难，迫使中国政府将生存的基本需求置于优先位置。事实上，中央政府确定优先事项的根据正是马斯洛的需求层次理论：最重要的是食物、衣服、洁净水和住所。这种优先次序并没有忽视人权，它只是意味着人权的优先次序低于生活基本要素。在社会层面，政府在许多关键层面为中国人民提供了良好的服务：

- 超过 8.5 亿中国人摆脱了极端贫困。[2]
- 在仅仅半个世纪的时间里，中国人均预期寿命从 43 岁延长到 76 岁。[3]
- 成人识字率从 1982 年的 66% 增长到 2015 年的 96%。[4]
- 婴儿死亡率从 1970 年的 8% 降到 2017 年的 1%。[5]

在解决了基本生存需求后，中国政府完善了法治体系，并加强了执法能力，确立了明确的人权。这种途径与美国不同。美国的选举法、反歧视法和其他人权法是在国家层面制定的，在某些情况下，地方层面甚至在几十年后才有能力对这些法律进行有效执行。

第5章　人权与法治：美国的绝对主义与中国的相对主义

政治体制是中美道德冲突的主要根源

美国政治体系的一个核心特征是抗议政府的能力，这得益于言论自由、新闻自由和集会权。托克维尔的《论美国的民主》清楚地阐述了上述自由的精神，包括对政府权力的制衡、竞争性的多党制度、每四年举行一次选举以及公开抗议政府的权利，这些都是美国"小政府"模式的题中应有之义。[6]

当美国在人权问题上质疑中国时，其质疑的核心是美国所界定的政治自由问题。事实上，中国人民有权利对政府的政策和举措提出意见和建议，但无权做出破坏政府的行动。与美国相似，中国政府定期对中国民众进行调查，了解他们对关键政策问题和政府重点工作的态度。

大国竞合

在过去的 4 000 多年里，中国改朝换代的情况几乎都是由于领导不力、腐败、无法保护国家免受外部威胁、人民食不果腹，以及对自然灾害反应不力而失去了民心。

第 5 章　人权与法治：美国的绝对主义与中国的相对主义

中国在持续扩大个人自由

1978年，也就是改革开放开篇之年，美国和中国在个人自由方面的差距比较大，但此差距在不断缩小。西方媒体往往会质疑中国的审查制度和对集会的限制，但当被问及对个人自由的限制时，中国人的普遍共识是，他们可以做自己想做的事，不会在日常生活中受到过多限制。

在过去的几十年里，中国个人自由不断扩大的最佳例证就是1958年确立的户籍制度的演变。在数百年的时间里，中国的统治者一直使用户籍制度来监控和管理人口流动、税收和征兵。人口管理的主要目标是控制农村人口向住房、医疗、教育、就业和生活水平更高的城市流动。在某些情况下，户籍制度决定了谁能在一地稳定长住下来，而谁又不能。[7]

1958年的户籍制度记录了每个家庭成员的出生、婚姻和死亡情况，并对就业、住房和出行拥有审批权。今天，中国政府大大放宽了户籍制度限制，消除了农村户口和城市户口之间的许多差异，放宽了对中小城市的落户限制，开放了学生的国际旅行，并将更多的决策权下放给了地方政府。目前，一些大城市的户籍制度限制了城市外来务工人员的住房、医疗、教育和就业机会，这主要是基于经济考量：政府缺乏足够的财政资源为在大城市工作的所有人提供城市服务。另一个考量因素是担心城市中流动人口的比例过大。

尽管如此，中国政府目前正在增加可用于支持城市地区农民工的资源。

个人自由的另一个重要方面是出行自由。近年来，中国关于出行的户口限制已基本取消，国际旅行大幅增加。多年前中国政府意识到，中国大陆的经济落后于许多西方发达国家以及日本和"亚洲四小龙"。为了让中国参与到全球对话中，政府提出了一系列倡议，鼓励开展国际旅行就是其中之一。中国政府积极发展与发达国家的关系，同时也积极鼓励中国学生去西方

第5章 人权与法治：美国的绝对主义与中国的相对主义

深造。中国的留学生从最初的涓涓细流大幅增长，从2007年的14.4万人增长到2017年的60.8万人，[8]超过60%的中国留学生在海外完成学业后返回了中国。[9]

大国竞合

中国在稳步推进法治

在探讨美国和中国的法治时，我们需要理解两国不同的背景和思维方式。美国宪法从施行第一天起就体现了法治，这也反映了法治在西方的稳固地位。意识形态的重要性意味着制定法律是为了反映法律起草者的愿望。然而，对法律制度是否能够得到严格执行的关注却往往不够。投票权和同工同酬就是两个例子。在中国，人们对实际情况的关注超过了对意识形态的关注。因此，中国一般会在确保有能力执行相关法律之后才制定民事法律并令其生效。法律生效之后，如果涉及稳定问题，政府有权对其进行解释。

1911年清朝灭亡之前，政府官员之间的重大争端在中央政

第5章 人权与法治：美国的绝对主义与中国的相对主义

府高层予以解决，次要争端在地方政府层面予以解决。一般而言，人脉最好、影响力最大的人通常占据上风。清朝灭亡之后不久，法治在中国建立起来，但军阀时期和随之而来的内战意味着这些法律只能流于形式。

1978—1981年，中国在聘用和培养高素质的律师和法官方面面临着巨大挑战。为此，政府采取的第一步是1979年在大学重新开设法学院；第二步是1986年成立全国律师协会并进行第一次正式的执业资格考试——两年后，第一家律师事务所在上海成立。律师人数不断增加，但绝大多数民事案件继续通过仲裁、集体诉讼和调解等非正式手段予以解决。[10] 截至2007年，中国仅有大约11.8万名执业律师，相当于每1万个公民中只有一名律师。[11]

尽管中国执业律师的数量持续增长，但与美国的差距依然较大。美国大约每300名公民中就有一名律师。[12] 这反映了美国对法律的态度。历史上，美国对法律的态度非常开放，可以根据具体情况进行修订和解释。这也反映了个人、企业和政府相互挑战，以及挑战美国国内法的能力。

虽然中国训练有素的律师和法官的人数持续增长，但法律内部的变革速度差异很大。例如，与国际贸易相关的法律受到的关注远远超过国内法的大多数领域。在国际舞台上，中国的法务能力正朝着贸易、供应链管理、公司和证券法等国际规范的方向发展，反映了迅速全球化对贸易、交易量、全球供应链和全球企业贸易的影响。中国参与世贸组织、世界银行、国际货币基金组织和亚洲开发银行等全球机构的积极性不断提高，这也促进了中国在全球经济中的活跃度。

尽管中国在国际法方面取得了重大进展，但国内法治体系须进一步完善。最显而易见的原因是，中国需要参考国际规范，以保护其庞大的全球贸易和不断增长的全球公司业务。2008年金融危机爆发时，中国在很大程度上未受影响，因此，国内对采用西方规范的积极性不高。相反，中国推行国内法治的方式是符合其传统的，并注重以下几个重点领域。

刑　法

中国继续通过改进量刑方法来进行现代化改革，使用软件按犯罪类型进行分析判决，以提高各司法管辖区判决的一致性和公平性。中国采用自上而下的模式并通过其庞大的网络体系来推动变革。而美国近年通过了监狱改革法案，名为《第一步法案》，旨在减少法律体系中的不平等。

第5章 人权与法治：美国的绝对主义与中国的相对主义

私有财产

自从个人在中国首次获得拥有土地的权利以来，制定有效的法律来保护私有财产一直是政府工作重点。主要挑战之一是解决开发商滥用土地的问题：地产开发商与地方官员合作，在没有公平补偿的情况下从农民和其他公民手中夺取土地，导致土地所有者、开发商和当地政府之间的土地纠纷。一些"地方群体事件"是由此引发的。[13]

合同法

除了正在迅速西方化的与国际有关的合同之外，合同法在中国的发展进程比较缓慢。有些国内争端是通过非正式或仲裁方法，而不是通过法庭程序来解决的。

在西方，律师会质疑这种非正式的方式是否公正，这是公平问题。然而，有时候依赖合同、诉诸法庭会有一定的风险。因此，个人在达成交易时，对信任和关系的依赖远远超过对合同的依赖。尽管诉诸法律的模式能够产生最为公正的结果，但往往比较复杂。中国每1万个公民中只有不到一名律师，这说明中国缺乏相应的法律资源。

　　一些西方人士指出中国缺乏独立的司法体系，这种说法是不对的。中国的司法机构由全国人民代表大会监督，并受中国宪法正式管理。我们如果看看美国的这个领域，可能也会就司法独立性进行一些类似的质疑。

　　美国最高法院的任命已经高度政治化，共和党人希望任命保守派，民主党人希望任命进步人士或活动人士来解释宪法。最高法院法官关于政治问题的投票记录表明，在实践中，司法的独立性是受到质疑的。

第5章　人权与法治：美国的绝对主义与中国的相对主义

中美的共同难题：如何对待少数族裔

人权的一个核心组成部分是如何对待少数族裔，因为侵犯人权的行为中有很大一部分涉及少数族裔。在探讨美国和中国少数族裔的待遇时，解释背景差异对于理解形成这些关系的基本信念至关重要。此处有三个关键区别。

首先，不同的群体成为少数族裔的方式不同。除了最初被作为奴隶带到美国的非裔美国人，少数族裔移民到美国都是自己的选择。当今的主要少数族裔最初是从南美洲、非洲和亚洲迁移而来的。在美国，这些少数族裔分散在全国各地，形成了保留其原始文化、食物、传统和宗教的袖珍社区。这些社区及其散播，是美国"大熔炉"概念背后的关键。在中国，主要的少数民族（例如藏族、维吾尔族、蒙古族）很少离开他们的土地和文化，但都必须适应新的治理模式。

其次，两国中央政府的力量和作用有根本的不同。在奉行中央政府最小化的美国，中央政府对于少数族裔的作用和职责在于，随着时间的推移，确保法律赋予他们平等的权利和机会。然而，任务的执行被委派给了州和地方政府。正因如此，诸如1869年根据宪法第十五修正案保证非裔美国人投票权的法律等，由于各州和地方的抵制，几十年来在某些地区没有得到有效的实施。此外，在住房、教育和就业方面，美国中央政府仍在努力缩小少数族裔的生活水平差距，但由于少数族裔在美国各地居住分散，要想实现这一目标尤为困难。在中国，中央政府关于少数民族的重点工作领域与占人口多数的汉族一样，都是提高人民的生活水平，包括识字、教育、医疗和住房等方面。

由于中央政府保留了对地方政府的领导权，并且少数民族基本居住在特定区域内，因此，这一举措在中国要有效得多，并提高了少数民族的生活水平。

最后，两国的核心身份是迥异的。美国自称为"大熔炉"，这个国家是由19世纪和20世纪来自欧洲、亚洲的移民，作为奴隶迁来的非洲移民和主要在20世纪和21世纪从南美洲迁来

第5章 人权与法治：美国的绝对主义与中国的相对主义

的移民建立起来的。这些移民定居在全国各地，在不同的州有着不同的人口密度。移民基于平等的权利和机会依法进入美国。而在中国，人口一直由占多数的汉族主导。居住在少数民族地区的汉族人口同样受益于中央对自治区的帮扶政策，生活水平也得以提高。

考虑到这三个主要的背景差异，我们可以从三个方面来判断两个国家是如何对待少数族裔的。第一，赋予他们基本权利，并通过这些权利实现减少歧视的目标。第二，更务实的视角是，这些权利如何有效地被付诸实施。第三，少数族裔的生活水平提高了多少。

截至2017年，非裔美国人占美国人口的12.6%，成为美国第二大少数族裔。[14] 1619年，当非洲奴隶第一次被带到美国东部殖民地的种植园工作时，美国就将他们视作财产，这种行径在今天看来令人发指。奴隶作为财产的地位在1857年的德雷德·斯科特诉桑福德案中得到了官方确认，该案件规定，所有黑人，无论是奴隶还是自由人，都不能且永远不能成为美国公民。仅仅四年之后，1861年，美国内战爆发，并以废除奴隶制而告终。内战结束后，一系列宪法修正案和国会法案赋予了非裔美国人权利，并阐明了防止种族歧视的举措。1868年通过的宪法第十四修正案赋予所有在美国出生的非裔美国人公民权。1870年批准的宪法第十五修正案保障了他们的选举权，禁止任何州以种族、肤色或先前的奴役身份为由剥夺其选举权。

虽然这项修正案成了美国的正式法律，但南部各州通过征收投票税、身份识别认证、文化测验、财产要求或在投票站进行恐吓等措施，几十年来有效地阻止了非裔美国人行使投票权。这一行为引发了包括游行、抗议和示威的全国民权运动，从20世纪40年代开始，在随后的20年间不断发展壮大，并在20世纪50年代和60年代早期随着马丁·路德·金的出现而达到顶峰。作为回应，美国1964年通过了《民权法案》以保护非裔美国人的权利，禁止在公共场所对其进行隔离和就业歧视。次年即1965年颁布的《选举权法》禁止各州限制投票权的行为。1968年的《公平住房法》保证了不分种族和肤色的平等住房机会。但是，美国联邦政府面临的主要挑战是在全国范围内对这些法律进行有力执行，因为如果没有州和地方政府的支持，联邦政府根本没有也不具备这样的能力。第二拨反歧视法减少了但没有彻底消除歧视。这一切都取决于地方政府的执法力度。

因此，在给予非裔美国人公民权和相关权利的第一个维度，直到北方在内战中获胜，也就是从第一批奴隶到达美国大约240

第5章 人权与法治：美国的绝对主义与中国的相对主义

年后，才有所进展。直到20世纪60年代民权运动和第二轮联邦立法，这些法律才在南方得到有效执行。在这种情况下，托克维尔所描述的中央政府的最小化，以及各州的权利与地方偏见之间的平衡，导致在将近100年的时间里，对这些法律的执行并未得到重视。时至今日，仍有人通过诸如选区划分不公、住房和就业歧视等途径，试图削减少数族裔的投票权。

如果从权利及其履行的角度退后一步来观察非裔美国人生活水平的演变，我们会看到进步，但黑人与白人之间仍存在巨大差距。2016年，非裔美国人的平均收入为31 100美元，而非西班牙裔白人为48 000美元。[15]非裔美国人的大学毕业率是38%，而白人的毕业率是62%。[16]非裔美国人失业率几乎比美国白人高4个百分点，[17]监禁率是白人的5倍。[18]尽管美国政府赋予了非裔美国人平等的权利，但州和地方政府的歧视使缩小生活水平差距方面的工作难以取得进展。

南美洲和中美洲的移民构成了最大的少数族裔群体，2017年的数据显示，该群体占美国总人口的17%。[19]与其他所有公民一样，获得美国公民身份的拉美裔享有充分的公民权利和免受歧视的法律保护。拉美裔美国人的人均收入与非裔美国人相当（30 400美元对31 100美元），尽管前者比后者来美国的时间晚得多。这还不包括大约1 100万非法进入美国并在美国境内居住的拉美人;显然,他们不享有上述权利,因而极易在住房和就业方面受到歧视和不公平对待。对这两个主要少数群体的大体结论是,虽然美国在立法方面取得了重大进展,但在提高相关群体生活水平方面并无太大进展。

亚裔美国人是美国第三大少数族裔,在2017年占美国总人口的5.2%。[20]他们在美国的历史包括几个黑暗时期。19世纪,一批中国人移民美国,希望从美国西部的淘金热中获利,同时也为修建横贯大陆的铁路提供了劳动力。许多美国人认为来自中国的廉价劳动力抢走了美国人的工作,因此,1882年美国通过了《排华法案》,禁止中国工人移民美国。1923年,情况发生了逆转。日裔在美国的黑暗时刻发生在1942年。日本轰炸珍珠港后,许多日裔美国人被拘禁。后来,卡特总统任内的一项调查揭示,对他们的拘禁有种族动机,构成了违宪。这些被拘禁者之后得到了补偿。如今,亚裔美国人的收入水平高于白人。[21]造成这种情况的原因是,亚裔群体的受教育水平更高,并且许多亚裔人士在移民到美国之前就很富裕。

尽管美国国内许多少数族裔的生活水平较低,但全国各地少数族裔占有相当高的比例,从而使美国享有"大熔炉"的美

第 5 章 人权与法治：美国的绝对主义与中国的相对主义

誉。美国几乎每个大城市都有唐人街。每年的圣帕特里克节，芝加哥的河水都会被染成绿色。超过13%的美国人在家说西班牙语。[22] 在迈阿密，超过75%的居民在家不说英语，而最常见的在家庭中使用的语言是西班牙语。[23] 由于几个世纪以来世界各地移民的影响，美国各地有无数少数族裔特色的食物、服装、风俗习惯、语言、宗教和文化。尽管这种扩张和分散使得联邦政府难以确保少数族裔享有他们作为公民应享有的权利，但美国的文化和种族多样性一直存在。

然而，美国在对待少数族裔方面有一个令人难以置信的污点，那就是美国原住民所遭受的虐待、歧视和迫害。美国本土文化和殖民文化之间一开始的冲突，随着美国暴力迫使原住民离开他们的居住地前往西部并最终定居那里而愈演愈烈。除了暴力，这些原住民还死于从欧洲传播到美洲的疾病。今天，他们受到的迫害仍在继续，他们的圣地被用来铺设管道，法律赋予他们的自治权被公然无视。对美洲原住民的大规模屠杀构成了教科书式的"种族灭绝"，这使得美国政府和美国人民在1993年、2000年和2009年为"种族主义和不人道的遗产"多次正式道歉。[24] 这些情况虽然从根本上不同于今天主要的非裔美国人、拉丁裔美国人和亚裔美国人等少数群体的发展史，但却被视为

大国竞合

美国历史上一个非常可耻的片段。

谈到中国对待少数民族的方式，我们可以考察两个最大的少数民族地区——西藏自治区和新疆维吾尔自治区。这些自治区的居民一直以来都拥有自己的风俗、语言、文化和宗教。政府的目标是保护少数民族的历史和身份认同，其首要任务是保持社会稳定，改善教育、医疗、住房条件和当地的整体生活水平。

在提高人民生活水平的目标方面，中国取得了一系列重大进展。近年来中国五个少数民族人口最多的地区的人民生活水平得到了显著提高。自实行义务教育以来，少数民族地区的识字率显著提高，文盲率显著降低。自治区的经济总量也取得了令人惊叹的进步。

从对待少数族裔的态度中，我们看到了一个喜忧参半的故事。

随着时间的推移，美国在从法律上保障少数群体享有广泛权利方面取得了成功，但这些法律的执行却一直不尽如人意，这在一定程度上反映出，在最小化政府模式下，州和地方政府在法律执行方面发挥了强大的作用。在范围更广的生活水平问题上，非裔美国人和拉丁裔美国人在人均收入、教育和识字率等基本指标上依然落后于白人。有人说，政府在缩小这些差距

第 5 章　人权与法治：美国的绝对主义与中国的相对主义

方面做得不够。而更多人说，政府的作用是确保所有人享有平等的机会，但州、地方政府和社区必须尽其所能，确保相关法律得到实施和尊重。

中国各地的情况也不尽相同，但中国对待少数民族的动因与美国是迥异的。由于中国强有力的中央政府对推动全面繁荣的重视，8.5亿多中国人民摆脱了极端贫困。[25] 40多年来，中国经济年均增长接近10%，并继续以绝大多数发达国家增速两倍多的速度增长。[26]

大国竞合

美国在性少数群体权利方面较开放

尽管不是少数族裔,但美国和中国的性少数群体也面临着争取人权和在法律层面上被承认的斗争。

由于州权的存在,美国性少数群体争取人权的历史比中国曲折得多。在美国,在过去几十年里,州权使得全国各地对性少数群体的对待方式各不相同。例如,1961年,伊利诺伊州将同性恋合法化,而得克萨斯州的法律一直将同性恋视作非法行为,直到2003年最高法院的一项裁决才认定这一裁断违犯美国宪法。1996年,克林顿总统签署了《婚姻保护法》,禁止同性婚姻。仅仅几个月后,夏威夷的一名法官裁定,该州没有剥夺同性伴侣结婚权的法律权利。性少数人群权利的真正胜利发生

第 5 章　人权与法治：美国的绝对主义与中国的相对主义

在 2016 年，美国最高法院将同性婚姻合法化。随后，2017 年，美国第七巡回上诉法院裁定，《民权法案》禁止基于性取向的歧视。[27]

在中国，性少数群体争取权利的故事不那么广为人知。1997 年，中国全国人民代表大会取消"流氓罪"（实质上包括同性恋）。2001 年，中国将同性恋从公认的精神疾病名单中删除。[28] 性少数群体没有受到政府的特别保护或承认，但也没有受到歧视和迫害。政府对该群体没有具体的评论。公开性少数群体身份在社会上一般仍然是禁忌，如果没有政府的保护，性少数群体很可能在社会和职场上受到歧视。[29]

尽管美国政府设法为这一社会少数群体提供更多的权利，但暴力和歧视在全国各地仍然普遍存在，这主要缘于各州和地方政府对联邦法律的执行不力。

大国竞合

中国尊重宗教信仰自由

在美国，实现宗教自由是开国元勋的主要目标之一，也是对当时席卷欧洲的宗教迫害的直接回应。宪法和《权利法案》明确保障宗教自由。尽管美国各州都存在宗教少数派，但大约70%的美国人认为自己是基督徒，他们形成了一个显著的多数群体。大约23%的美国人不认同特定的宗教，他们或是无神论者，或是不可知论者。[30]

虽然政教分离的必要性是公认的，但在誓言中提及上帝和祈祷在学校的存在等导致了不少法律冲突。尽管存在这个具体问题，但美国宗教自由的核心原则并没有受到挑战。宗教场所的暴力事件时有发生，但往往是出于种族或宗教偏见，在这种

第5章 人权与法治：美国的绝对主义与中国的相对主义

情况下，法律和当地团体会积极介入。简而言之，宗教自由作为美国人的核心原则从未受到严重的挑战。

历史上，中国主要有三种哲学/宗教：儒家思想、道教和佛教。佛教是从印度传入的。除了这三大中国的哲学流派和支柱宗教，西方传教士从17世纪就开始向中国介绍西方宗教。虽然传教士相信他们在中国传播基督教是为了启发中国人，但许多人认为他们是在试图改变中国人的信仰。

近些年来，中国政府对东方宗教团体比较宽容，甚至开始重建那些随着时间推移已成为旅游景点的寺庙。目前宗教政策正在变得越来越宽容。在中国，由于信仰上的重叠，以及很少人把自己的精神信仰和实践视为"宗教"，按具体宗教对人口进行分类是很复杂的。

在美国，宗教自由是天然的，绝大多数政府官员都有自己的宗教信仰。

两国的共同之处在于，信教人士坚持自己的信仰，很少受政府干预。

大国竞合

中美两国女性权利的演变路径非常相似

中美两国的女性权利都随着时间的推移得到了显著扩大，但进展是缓慢的。虽然女性享有广泛的权利，并且歧视女性是违法的，但两国共同的情况是，女性在公司和政府中担任高级职位的人数仍然很少。一些人指出，这缘于位居高位的男性的歧视，另一些人将其归因于女性在家庭中和抚育孩子的角色上所带来的自然结果，还有一些人认为女性缺乏担当高级领导角色的心态或技能。

在美国，女性权利的第一个重要里程碑是发生在美国各州承认女性拥有土地权利的1900年。1920年，随着选举权运动的发展，女性被赋予了选举权。1963年通过的《同工同酬法》承

第5章 人权与法治：美国的绝对主义与中国的相对主义

诺同工同酬，不分种族、肤色、宗教、国籍和性别。1964年，《权利法案》第七章禁止就业中的性别歧视。1965年，已婚夫妇被赋予了使用避孕措施的权利。1973年，时至今日仍饱受争议的罗伊诉韦德案使堕胎在各州合法化，但各州对此有不同程度的限制。[31]

与平权和反对歧视少数族裔一样，制定法律是一回事，执行法律是另一回事。工作场所的歧视、同工同酬和产假执行不力等问题在美国普遍存在，但政府并未采取任何有力的措施来解决这些问题。法律规定与实际执行对比最明显的两个方面是提高妇女在商业和政府中的地位，以及妇女遭受性骚扰和攻击的追索权。

统计数据进一步表明，在美国，女性在职业发展方面一直受到限制，无法达到与男性相同的水平。在商界，只有25%的高管、20%的董事会席位、6%的首席执行官和22%的法律合伙人由女性担任。在政府部门，仅有25%的州议员、10%的州长、20%的大城市市长、21%的参议员和19%的众议员是女性。其中的几个数字在2018年的选举中得到了增长，该年超过100位女性当选为众议员。[32] 总体结论是，女性在商界和政府部门的比例不足，因为在美国，完成大学学业的女性比男性更多，另外,在入门级职位中男女所占比例相同。[33]

歧视的第二个主要方面是性骚扰和性侵犯。同样,问题不在于女性是否拥有不受骚扰和侵犯的权利,而在于执行。从历史上看,举证责任都落在女性身上,但在"他说,她说"即双方各执一词的案件中,男性往往被假定无罪,逃脱牢狱之灾,没有受到任何惩罚。而受害者的名誉权在法庭上进而在整个社会受到了侵犯。一系列后果会导致许多女性放弃起诉。这一现象引发了"我也是"(#MeToo)运动。在成功对娱乐圈、体育界、教育界和企业界的多位知名高管进行起诉后,该运动势头迅猛,激励了许多女性勇敢地说出自己的经历。

虽然中国女性权利的历史和演进与美国不同,但两国的现状是相似的。孔子将女性的角色定义为顺从男性。女人结婚后,她们和丈夫住在一起,成为丈夫家庭的一员,妻子在婆婆的指导下劳作。绝大多数婚姻是不同家庭之间根据家庭需要和社会经济地位做出的安排。彩礼和嫁妆通常是婚姻协议的一部分。如果丈夫去世,妻子依然是丈夫家庭的一员。从13世纪开始,女性除了被认为屈从于男性之外,还常常要经历可怕的缠足——缠足盛行的原因之一是人们认为小巧玲珑的"三寸金莲"极富吸引力,并且男性更偏好行动不便的女性。20世纪初,缠足这

第5章 人权与法治：美国的绝对主义与中国的相对主义

一陋习被法律明令禁止。

中国共产党执政后，废除了妇女必须顺从于男子的习俗。1950年颁布的《婚姻法》规定，女性可以自由选择配偶。但与许多法律规定的权利一样，要实现这一点非常困难。1981年，《婚姻法》赋予了公民合法离婚的权利。随后，政府批准了同工同酬政策。2005年，家庭暴力在中国被正式定性为犯罪。正如美国的性骚扰、性侵犯和家庭暴力一样，如何有效地进行报告和起诉相关问题，取决于个人的不同情况。

除了女性享有平等权利外，中国还通过九年义务教育对女性进行教育投资。政府大幅度降低了女性文盲率，特别是农村妇女文盲率。这些努力的成果令人瞩目：1982年，中国女性识字率只有51%，而到2015年，这一数字已达到94%以上。[34]

在让女性得到晋升、担任企业和政府高级职位方面，中国的表现略好于美国：中国女性高层任职率为30%，而美国为25%。[35]

小　结

尽管许多人将人权视为中美之间的决定性差异，但如果按人权的类别逐项来看，即个人自由、政治自由、法治、少数族裔待遇和妇女待遇等，我们就会发现，中美在人权方面的差异并不大。

对绝大多数中国人而言，他们享有的个人自由与美国人享有的自由之间的差距不大。中国的法治正在迎头赶上，尤其考虑到中国的法治体系是在20世纪80年代初才逐步建立完善起来的。在相对较短的时间内，中国在国际国内问题上都取得了巨大进展。中国可能因缺乏所谓的独立的司法体系而受到非议，美国也在努力应对两党制日益两极化对司法独立及其裁决的影

第5章 人权与法治：美国的绝对主义与中国的相对主义

响。中国的户籍制度在一定程度上限制了城市外来人口享受公共服务，但这是一个经济问题，而不是人权问题。

在女性权利方面，长期以来，两国女性都享有平等的选举权、财产权、婚姻权和就业权，包括同工同酬。然而，虽然两国政府都保证这些权利，但在执行中仍然遇到了困难。两国政府都继续努力使更多女性担任高级职位，并保护女性免受性骚扰、袭击和家暴等问题。

皮尤研究中心的政治形势调查一直显示，中国民众对中国政府的支持率是所有主要国家中最高的，远远高于美国民众对美国政府的支持率。可以推测，中国政府的高支持率首先是其经济表现的反映，似乎更合理的假设是，高支持率反映了政府确实在为人民尽心服务。另外，美国政府的低支持率可以用来反映美国"最小化政府"在对抗性的两党制下在推行变革和执法方面所面临的挑战。

总之，通过从更微观的角度来研究人权，以及理解本章开始提到的三个重要的背景差异，我得出的结论是，这些差异并不大，而且其中的许多差异是容易被人接受和理解的。

第6章

民主的形式：美国的选举
与中国的回应民意

民主（名词）：人民之政府；多数人之统治；政府之最高权力属于人民，并由他们通过代议制直接或间接行使，通常会定期举行自由选举。

——《韦氏字典》

随着1789年宪法的通过，开国元勋在美国建立了选举民主制度，其最终目标是赋予每一个美国人追求生命、自由和幸福的权利。支撑这个目标的是古代犹太教和基督教的信条，即人人皆为上帝之子，人人皆有尊严和价值，人人生而平等。

在我访问中国期间，一位中国政府高级官员在回应我对美国问题的描述时让我感到惊讶："中国也是一个民主国家，但我们对民主的定义不同。对我们来说，民主意味着'回应民意'。"他的意思是，政府投入了大量精力来理解和满足人民的需要。

两种民主的目标是接近的：人民的福祉。然而，美国的民主重视个体，强调个人主义；而中国的民主重视全体"人民"，强调集体主义。

两种民主的实现方式是不同的。选举民主制度强调通过积极参与投票，建立民治、民享的政府。中国运用民意调查和其他工具来了解人民的需要和事务的轻重缓急，并将其反映在政府决策和行动中。

在本章中，我们将探讨美国和中国如何定义民主的历史背景，以及两种民主对于实现各自目标的有效性。

第 6 章　民主的形式：美国的选举与中国的回应民意

美国民主的嬗变

美国独立战争之前，英国通过国王任命的总督来统治 13 个皇家殖民地。虽然成立了镇级和郡级自治政府，但重要经济事务仍由国家决定，如税收和关税。殖民地的投票范围仅限于白人男性业主。殖民地继承了英国的三权分立（行政、立法和司法）模式、英国法治和法院体系。

在独立战争取得胜利之后，美国的开国元勋制定了宪法，将选举权作为民主之本，让美国人民享有他们在欧洲从未拥有的权利。这种早期的投票制度赋予了少数公民直接参政的机会，不仅仅是在基层。在设计投票制度时，美国政府折中了两种极端方案。一种方案是民众直接投票选举，确保每个人的选票权重相同。另一种方案是立法机关推选，在该制度下，包括总统在内的高级官员均由最高级别的党政官员选举产生。

折中方案是选举人团制度，即各州的选举人票等于该州的参议院和国会议员数量，这对人口较少的州有利。然而，该制度有一个关键的设计原则，即规定各州按普选票得票比例来分配选举人票或者实行"赢者通吃"制度。

前者更符合"每一票都重要"且权重相同这条核心原则。后者则不然，因为获得51%选票的胜出者将得到100%的选举人票。果不其然，除缅因州和内布拉斯加州之外的所有州都实行了"赢者通吃"制度，最大限度地提高了各州对选举结果的影响力。

理论上，比例投票制更符合民主精神。普选的胜出者在竞选中失败的情况实际上只出现过两次：2000年，乔治·布什击败艾伯特·戈尔；2016年，唐纳德·特朗普击败希拉里·克林顿。

"赢者通吃"制度使得6~10个"摇摆"州（频频摇摆但通常选举人票占总票数不到20%的州）实际上控制了选举结果。这就导致了候选人将大部分资源集中在摇摆州，进而降低了非摇摆州的投票率。

第6章 民主的形式：美国的选举与中国的回应民意

另一个有损代议制民主核心价值的特征是该制度中出现的"格里蝾螈"（不公正地重划选区）。通过"格里蝾螈"，控制一州的政党能够以对自己有利的方式重新划分选区。因此，执政党可能仅获得了51%的选票，却赢得了75%的席位。通过"格里蝾螈"，政治势力以牺牲民众选票的方式维护了自身利益。战利品最终归赢家所有。一些州立法禁止了"格里蝾螈"，但很多州并没有这样做。

选举权随着时间的推移逐步扩大

根据最初制定的宪法，只有白人男性业主拥有投票权。托马斯·杰斐逊曾强调确保选民知识水平的重要性，这导致了选举权的限制标准。

截至1856年，各州终于全面废除了选举权的财产资格限制。1870年，宪法第十五修正案出台，禁止根据公民的种族、肤色或以前曾是奴隶而剥夺其选举权。1920年，宪法第十九修正案赋予了妇女选举权。1924年，选举权扩大到了印第安人和华人。

1971年，选民的年龄限制从21岁下调至18岁，其依据是，如果你的年龄达到部队服役年龄，你就有进行投票的权利。[1]这是选举权最后一次扩大。至此,仅剩的关于选举权的争论在于有前科的重罪犯能否参与投票,这场争论一直持续至今。

历史上,许多州都曾颁布阻止少数族裔参与投票的法律,尤其是非裔美国人。《选举权法》正是旨在解决这一问题。

尽管出台了宪法第十五修正案,许多州(大部分是南方州)仍然颁布了限制非裔美国人选举权的措施,包括祖父条款、文化测验和人头税。有些州甚至关闭了非裔社区的投票站。虽然1965年的《选举权法》禁止了这些做法,但仍然有很多限制选举权的新法案出台。尽管面临重重阻碍,但在最近几次大选中,非裔美国人的投票率与白人选民非常接近,仅比后者低几个百分点。

竞选资金的限制日渐宽松

美国于19世纪80年代出台的竞选资金法规旨在不断加强对竞选捐款及其披露的限制,但这一宗旨在2012年的"联合公民"案以后被扭转了。在"联合公民"案中,最高法院判决企业和个人的竞选捐款受到宪法第一修正案的保护。不出所料,此举导致大量资金涌入竞选活动。自1980年至2012年,国会选举

第6章　民主的形式：美国的选举与中国的回应民意

的竞选资金增长了 600% 以上，总统选举的竞选资金则增长了 1 200% 以上。[2] 加上"免费"媒体的曝光（如特朗普在新闻中露面）费用——预计 20 亿美元，竞选资金近年来急剧攀升。[3]

如今，无处不在的媒体帮助营销技巧全面且个人魅力突出的候选人击败了政治经验丰富得多的对手，如唐纳德·特朗普和巴拉克·奥巴马，二人分别击败了希拉里·克林顿和约翰·麦凯恩。

美国民主制度的表现

美国民主制度的宗旨是通过自由选举以赋予公民在选择政府领导人方面的直接发言权。根据预期,政府决策应该充分反映民意。参照这些目标,该制度的表现可谓毁誉参半。

投票率低迷,尤其是考虑到选举权的重要性

选举投票是参与治理的首要手段,但美国的投票率却低得惊人,2016年总统大选的投票率只有56%,中期选举投票率仅50%。[4] 在32个主要民主国家中,美国的投票率排名第26位。[5] 关于人们为什么不投票,目前还没有准确原因,但是专家提供

第 6 章　民主的形式：美国的选举与中国的回应民意

了几种可能性。

首先，投票的投入和成本高于感知收益。

其次，选民的漠不关心也损害了预期参与价值。一些选民厌倦了政治，不参与时下的政治议题。还有一些选民没有投票的动力，因为关键的角逐根本不存在竞争，毕竟红州和蓝州数量庞大。[6] 总体而言，竞争激烈的州投票率高于竞争不激烈的州。

最后，种族和年龄也是影响投票率的重要因素。2016 年，白人和非裔选民的投票率分别为 65% 和 60%，而拉丁裔的只有 47%。同时，年轻选民的投票率也显著低于平均水平。2016 年，65 岁及以上选民的投票率达到 71%，而 18～29 岁选民的投票率只有 46%。[7] 一些国家试图通过强制投票来解决这个问题，即对不投票的人进行处罚。鉴于美国投票率低迷且强调个人自由，实行强制投票的可能性不大。

党派偏见日益严重

关于满足人民意愿这项目标，历史上曾出现将国会作为议政机构的做法，从而使两党达成妥协，解决分歧。然而，这已经是过去的了，党派偏见如今主导着华盛顿和立法过程。

大国竞合

大卫·博伦（《致美国的一封信》作者，俄克拉何马州前参议员）表示，最近的一项调查表明，民主党和共和党犹如针尖对麦芒，华盛顿州没有办法就重大问题的解决取得进展。博伦将日渐严重的党派偏见归咎于竞选资金出现的变化。这些变化催生了两个主要现象。第一，围绕单个议题筹集的资金的占比越来越高，而这些议题对两党具有十分明显的分化作用，如枪支管制和全民医保。第二，高净值人群为价格高昂的媒体造势提供资金，宣传他们所支持的候选人和议题，进而不正当地影响选举结果。[8]

大部分竞选资金都流入了在争议问题上立场最强硬的参议员和众议员手中。作为奖励，他们的政党将竞选委员会中最具吸引力的工作分配给他们。获得奖励的极端派扼杀了温和派，于是，许多中间派以退休的形式选择退出这场斗争，而不是继续徒劳地尝试达成切实可行的妥协。

这种党派偏见导致了奥巴马领导下的民主党在国会强行通过了《平价医疗法案》，共和党在其中的投入或参与度微乎其微。随后，特朗普领导的共和党反戈一击，试图废除《平价医疗法案》，最后因一票之差落败。接着，共和党起草并通过了税改法案，目的是给中产阶级减税。如果情况不改变，预计到

第6章　民主的形式：美国的选举与中国的回应民意

2027年，税改累计会将83%的经济利益输送到富人手中。[9] 与《平价医疗法案》一样，该法案的制定和通过只是共和党囿于己见、自行其是的结果，没有民主党的任何参与。

党派偏见导致年轻人对竞选公职失去了兴趣。一位知名的华盛顿州记者最近对大约100名大学生进行了调查，询问其中有多少人对竞选公职感兴趣——几乎无人举手。当大卫·博伦向学生提出同样的问题时，他听到的回答是："就是砸钱，谁有钱谁赢。"然而，这些钱不是来自普通人，而是来自政治行动委员会和游说团体。博伦认为，选举中金钱的作用决定了投票导向。博伦估计，国会议员将1/3的时间花在了筹集资金上，而不是做他们当选后该做的事情。

在一系列问题上，华盛顿州没有倾听民意

民意调查显示，在许多问题上，国会或行政部门忽视了人民意愿。

第三党派

民众对党派之争也做出了回应。2017年的一项民意调查显示，62%的美国民众认为，他们希望在下一次总统选举中有除

民主党与共和党之外的其他政党可供选择。[10]就目前而言，总统选举人团的绝对多数制度意味着第三党派候选人不大可能胜出。上文所讨论的竞选资金改革更是让第三党派的境况雪上加霜，因为两大老牌政党根基稳固，更有能力筹集竞选资金。鉴于第三党派几乎没有能力将其候选人送上总统宝座，一个根基牢固的第三政党似乎不可能出现。即便如此，第三政党仍然可以充当搅局者，稀释优势候选人的选票，正如1992年罗斯·佩罗所做的那样，他使得比尔·克林顿击败了乔治·H.W.布什。虽然从法律层面上看，第三党派是可能取得成功的，但由于民主党与共和党都无意调整竞选和选举的基本规则，第三党派实际上并不可行。

枪支管控

多项民调一致表明，多数美国人希望加强枪支管控。这并不意味着要废除宪法第二修正案，而是进行严格的背景调查以及禁止狙击步枪的使用范围。多年来，美国全国步枪协会（NRA）百般阻挠关于这项问题的任何行动，抵制任何形式的枪支管控，并且通过给每一位国会议员评分（从A到F），不择手段地维护协会（主要赞助者）的利益，而评分的主要标准就是支持控枪的程度。此外，协会还为反对枪支管控的候选人提供数百万美元的捐款，仅在2016年总统选举中就花费了5 400万美元。[11]

收入差距

美国的收入差距创下了历史新高，1%的人口控制着超过40%的财富。[12]收入差距的驱动因素包括高新技术行业（社交媒体、搜索引擎、软件、电子交易、生物技术等）投资回报高、边际所得税率持续下降，以及对财富继承少有限制。2018年通过的税改政策将把83%的经济利益输送到富人手中，但76%的美国民众支持向富人加税，这表明国会的行动与人民的意愿严重脱节。[13]

联邦政府赤字规模

2018年拉斯穆森报告的民意调查结果显示，77%的潜在选民认为，赤字规模庞大更多是因为政客不愿意减少政府支出，而不是纳税人不愿意缴纳更多的税款。[14]最近的税改立法导致财政赤字又增加了1.5万亿美元，经济学家对此严厉批评，认为此举毫无必要，因为经济势头本就强劲且中产阶级从中获益很少，而中产阶级更愿意进行消费，以刺激经济增长。为富人减税、巨额的军费开支（美国军费开支占全球军费支出总额的36%，是中国的三倍以上）[15]、债务利息和社会项目都是造成赤字的原因。由于政府允许赤字继续增加，该问题依然是选民关注的重点。

司法与监狱改革

美国的监禁率高达50%，选民也认为国家过于依赖监禁。[16] 55%的选民认为，美国的司法体系歧视贫困社区。[17]这并不奇怪，因为美国人口只占全球的5%，但是囚犯却占21%。[18]马歇尔项目（一个非营利性新闻组织）透露，选民原则上还反对"毒品战争"，多数人支持联邦政府推进大麻合法化。[19]法律行动中心的调查显示：63%的民众认为，太多的非暴力毒品犯罪者被关进了监狱，而不是接受戒毒治疗；78%的民众表示，"我们需要把毒瘾和酒瘾看作健康问题，而非刑事问题"。[20]大约10年后，即2018年年底，联邦政府终于通过了司法和监狱改革法案《第一步法案》。

成效依然显著

美国历经240多年的民主制度虽然混乱不堪且缺乏条理，但也展现了惊人的成效和韧性。成效体现在两个全局目标的实现——强劲的自由企业经济和强大的人权保障深刻地塑造了这个国家。150年来，美国一直是全球最强大的经济体；多年来，美

第6章 民主的形式：美国的选举与中国的回应民意

国的人权保障不断扩展到种族、性别、性取向等各个方面。

大部分人会提出，在这些问题上的成功——加上美国在世界大战中的贡献以及成立了重大国际组织以解决全球性问题——比美国民主的"混乱"重要得多。长期以来，美国民主也展现了很强的韧性——经历了残酷的南北战争、大规模的对外战争、数次总统遇刺、大萧条、多次金融崩溃和影响全球的恐怖主义。在过去的150多年里，美国一直保持在科技和医疗突破的前沿，为世界发展做出了贡献。

中国民主的嬗变

中国是民主协商制国家，1954 年成立的中国人民政治协商会议旨在践行这项核心理念。

民主协商在中国政府领导下付诸实践

不同于美国长达 240 多年的选举民主历史，民主协商理念历史较短。继群众路线之后，第二代中国国家领导人系统地收集了人民关于各种问题（无论大小）的意见，创造条件进行试验与学习，落实那些被证明是切实可行的核心理念，从而将民主协商理念付诸实践。通过这种方法，政府认真听取群众的声

第6章 民主的形式：美国的选举与中国的回应民意

音（民主的核心理念），让群众参与措施的制定，并且在实践中不断完善协商理念，从而确保核心目标的实现。

显然，这种参与方式与美国选举政府官员的参与模式不同。二者存在两个区别。

第一，中国注重的是问题和措施，不管是修建道路、设计学校课程，还是为老年人提供医疗保障。

第二，在民主协商模式中，最终要决定的是选择某个人担任某个职位，理论上，这个人的价值观和信念将深刻地影响决策。美国的不同之处在于，投票是一项个人权利，个人可以选择是否参与国家治理——是否行使这项权利取决于个人选择。

在实行民主协商的集体主义社会中，并非每个人都有机会就每个问题发表意见，所以重点是从受该问题影响的群体那里充分收集意见，保证这些意见真实准确地反映了人民意愿。

这两种关于民主（人民之统治）的解读迥然不同，但是二者的总体目标是一致的：为人民的福祉服务，使人民能够通过有效参与，直接或间接地影响结果。二者最大的区别在于落实程度不同。

中国采用多管齐下的方式收集人民的意见。在美国，媒体在政治竞选活动中发挥着日益重要的作用。在中国，媒体对政治结果的潜在影响较小。中国共产党依靠更正式的数据收集方式，而不是新闻媒体的民调和政客的社交媒体造势。

其中首要的（也是最正式的）收集方式就是人民政协。人民政协由大约 2 200 名委员组成，包括八大民主党派、行业代表、宗教团体、军人代表和其他各界代表。

人民政协要求各位委员代表其所属界别的选民就重要议题发表意见，通常涉及数千个提案。然后，人民政协参考共产党的意见，建议哪些提案应该提交给全国人民代表大会进行表决。西方很多人会说，人民政协没有什么权力，因为它不是最终决策者。这种观点根植于西方的二元价值观：决策者拥有权力，而议政者没有。但是，东方价值观中的平衡与和谐理念更能体现该模式的内涵，这也正是人民政协的运作方式。除了人民政协，政府还会利用其他重要渠道收集意见。

- 国务院直属的中国社会科学院拥有数千名研究员，他们会定期研判有关各类问题的舆论观点。根据我在中国采访的数十位专家所述，中国社会科学院备受尊重，影响力很大。
- 我采访的部委和监管机构表示，他们会花很多时间进行公

第6章 民主的形式：美国的选举与中国的回应民意

开听证，与公众就有关法律或法规修改的提案展开交流。
- 在地方层面，省级政府、大城市和基层村镇会定期召开会议，讨论拟定的工作，从交通管控等细微事务到修建大坝等重大事件都有所涉及。
- 中国有9 000多万名共产党员，许多党员会通过组织就日常议题和重点工作向中央反馈意见。[21]

虽然这些渠道看起来不如美国的民调制度那么具体，但这并不影响它们的合法性。在中国，有些政府层面的决策是闭门进行的，所以不可能指着某项具体行动或观点说："它的来源是这个渠道。"然而，中国所取得的进步和民众的拥护表明，这些议题和工作重点确实反馈给了中央政府。

政府制定五年规划的过程提供了一个重要契机，使政府得以定期总结经验和教训，并且确定在新的局面下需要调整哪些重点工作。如今，这些重点工作包括医疗、环境污染、教育、拟定的基础设施项目、城镇化等。这些议题不管是在美国还是在中国，基本上都是重点工作，因为它们与内政联系密切。

在做出有关工作重点、资源分配和财政政策的决策时，五年规划的制定原则、产学政专家的参与、相关讨论和结论的整合都发挥了重要作用。五年规划的编制一般历时18个月。除此以外，政府还会定期分析计划落实的进展和进度落后的原因。

虽然中国民主协商制度下的选举流程与美国模式不同，但两者也有相似之处。虽然美国的民主投票制度规定，民众完成选民注册之后可以排队参加每四年一次的总统大选投票，但决定权主要掌握在国会的民选代表手中。该制度的前提是，民选官员代表选民的观点，在华盛顿为他们发声，包括针对预算、法律和政策进行投票。在中国的民主协商制度下，35个选举单位（主要是省级人大）进行推荐提名，然后选出全国人大代表。这一点与美国最高法院大法官候选人的确认机制类似，即总统提名他认为合格的候选人，之后民选官员投票表示支持或反对该候选人，以此体现选民意志。与美国不同的是，全国人大将适当名额分配给少数群体代表，包括妇女、少数民族、军人等。

"试验与学习"的作用

中国采取渐进的方式来解决大部分问题：风险越大，试验规模就越庞大，试验后再做出相关重大决策。我在中国研究过医疗保障问题，这在中国也是个重大问题，因为随着生活水平的提高，中国的老龄人口迅速增长，人民日益关注健康问题。这个问题非常复杂：政府管理的医院设施不足，西方医疗机构希望把最新的医疗技术和药物引进中国，保险公司未来发挥的作用不够明确。

中国应对这个复杂问题的方法是，针对某些慢性疾病开展成百上千次试验、试点和启动工作，挖掘人工智能的巨大潜力，寻找具有成本效益的治疗手段。这种自下而上的"试验与学习"模式适用于针对不同地区和消费群体的不同解决方案。

随着中国的经济从计划经济向自由市场和全球化转型，这种"试验与学习"模式为20世纪70年代至80年代的政策改革提供了依据。政府并没有让这个发展中经济体突然向国际贸易和竞争打开大门，而是循序渐进地开放，先行建立以自由市场价格和市场力量为运行模式的经济特区。

虽然运行这种模式要比自上而下的变革耗时更长，但风险也低得多。在美国，自上而下的变革（例如奥巴马医改、移民政策）往往会引发很多意想不到的问题。"试验与学习"模式反而有可能避免这些问题。

中国民主协商制度的表现

在中国的治理模式中,人民的意见如何转化为提案,以及重大的资源分配决策如何做出,与美国不同。在美国,幕后工作实际上被摆在了台面上。在中国,人们一般通过经济表现来间接地做出判断——经济表现如何转化为社会经济领域的进步(生活水平)、个人自由的提升和人民对政府的支持。这些间接指标都表明,中国的民主协商制度表现更出色。

第6章 民主的形式：美国的选举与中国的回应民意

回顾与反思：美国的问题更多

根据历史经验，关于哪种民主制度未来处境堪忧的说法，现在下结论都为时过早。一些西方人曾经预测中国会出现动荡，然而事实证明他们的预测是错误的。当前美国民主面临越来越多的挑战。

那么，目前我们能够得出什么结论呢？

美国的民主制度更加混乱

美国的两党制度完全透明、三权分立，并且每四年举行一次总统选举，但是，两党针锋相对，必然导致纷争不断。对比之下，中国的领导层凝聚力更强，并且经验更丰富。此外，中国的"试验与学习"模式减少了冒险行为，能够迅速适应实际情况。矛盾源于分歧，在中国模式下，决策一旦敲定，就会得到全力支持。此外，五年规划的制订原则保证了短期运行和长期投资的平衡。美国模式却导致单个年度预算的制订都困难重重，因此教育、医疗、基础设施等战略领域的投资持续不足。

美国政府很少受到民众欢迎

开国元勋在设计美国治理模式的时候，使政府决策困难重重，从而保证了自由企业经济蓬勃发展。该模式是透明的，民众能够看到政府官员的各种行为，所以他们对政府印象平平。埃德尔曼信任度晴雨表的调查结果也体现了这一点，这家在线调查机构每年都会评估27个市场的民众（每个市场选取1 150人）对政府、企业、非政府组织和媒体的信任度。当被问到"哪个机构问题最严重"时，59%的美国民众认为政府是问题最严重的机构。当被问到"哪个机构最有可能创造更加美好的未来"时，只有15%的美国民众认为是政府，达到了历史最低水平。[22]

第6章　民主的形式：美国的选举与中国的回应民意

中国的中央政府长期受到人民拥护

中国中央政府负责所有重要的决策和行动。改革开放40年来，政府推动实现了繁荣、稳定和民族自豪感，埃德尔曼信任度晴雨表的调查结果也印证了这一点。当被问到"哪个机构问题最严重"时，38%的中国民众认为企业是问题最严重的机构。当被问到"哪个机构最有可能创造更加美好的未来"时，68%的中国民众认为政府会推动国家进步。[23]

今天，美国政府比中国政府面临更多严峻挑战

关于如何扭转美国日益严重的党派偏见，目前还没有清晰的路径。首先，党派偏见造成的政治僵局导致行政命令的数量和重要性均显著增长，致使原本相互制衡的权力从立法向行政和司法倾斜。党派偏见还削弱了人们对政府的信心，导致人才对竞选公职失去兴趣。其次，最高法院的一项判决提高了极端富裕的捐款人（通常是极端主义者）对选举结果的影响力。最后，内部斗争和长期的财政赤字削弱了美国进行长期投资的能力，而这些投资正是未来增长所必需的。

大国竞合

虽然中国也面临一些问题——人口老龄化、收入不平等、环境污染、芯片制造技术落后等,但是,政府具有强大的领导能力和高效的治理模式,具备应对上述挑战的有利条件。

尽管如此,美国和中国之所以能够成功打造出全球两大经济体,离不开各自独特的民主形式。随着竞争的加剧和技术驱动变革的加速,两国都将面临更大的挑战。两国的适应能力将决定各自未来的成败。

理解两种不同的民主形式的主要挑战在于,西方缺乏用开放的心态去了解中国模式,不愿坦率承认美国目前的模式违背了开国元勋的初衷。从全局视角来看,美国被认为是全球民主的旗手,而中国则被认为是世界上最大的社会主义国家。抛开这种全局视角,杰斐逊的"一人(见多识广的男性公民)一票"愿景也做出了许多妥协。如果不局限于"共产主义"标签,承诺政府的宗旨是为人民服务,那么注重实现繁荣的"回应人民需要"模式应该被视为替代传统选举民主的可靠选择。

第 7 章

世界观与军事：美国重民主和人权的传播；
中国重经济利益，轻对外扩张

成长教会我们尊重灰色。未见世界、未观全球,才笃信非黑即白、非此即彼。

——理查德·科恩
《华盛顿邮报》美国专栏作家

中美两国的世界观和军事政策迥然不同。1823年提出的门罗主义首先表明了美国的世界观,即在全球范围内推行和维护民主与人权。这种扩张式的世界观促使美国在过去125年的大多数时间里积极涉外,在过去的50年里更是从未中断。

在过去2 000多年里,中国从未对霸权主义表现出兴趣,除经济活动外,其他活动均在境内展开。即使在鸦片战争和甲午战争战败后,中国的重点也仅是捍卫疆土。

两国参与的战争造成了惨重的人员伤亡,在"一战""二战"后重塑了全球秩序。战争影响了美国的军事,亦影响了两国的经济。例如美国卷入"冷战"和反恐战争的成本已超过10万亿美元。[1]中国卷入了鸦片战争、甲午战争和两次世界大战,致使本国的工业革命直至1980年才方兴未艾,比美国晚了大约110年。

在本章中,我们将更深入地探讨两国的核心世界观、在核心世界观影响下的军事活动,以及未来前进的方向。

大国竞合

美国的世界观和军事活动的发展

虽然门罗主义的推行让美国在西半球处于强势地位，但美国军事力量尤其是海军实力不足以支撑美国的强势。美国首次推行门罗主义是在1895年英国和委内瑞拉的边界争端中。美国首次以武力方式推行门罗主义是在1898年的美西战争中，结果是使古巴摆脱了西班牙的殖民统治，最终获得了解放。

作为与西班牙达成和解的一部分，美国支付了2 000万美元，并配合军事力量吞并了菲律宾、关岛和波多黎各。在同一时期，美国使用武力吞并了夏威夷，但这已经无关美西战争了。西奥多·罗斯福总统倡导的"命定扩张论"最能概括美国在太平洋地区的扩张

第7章 世界观与军事：美国重民主和人权的传播；中国重经济利益，轻对外扩张

行径。命定论从未被正式定义为一种学说或政策，但这一说法体现了美国的扩张论、例外论和民族主义，标志着美国崛起为世界大国。民主党是该理论的绝对拥趸，他们寻求不断扩大美国的势力范围，但遭到了同样作为执政党的辉格党的反对，他们认为美国应该以身作则，而不是积极扩张。

在"一战"和"二战"中，美国对同盟国的支持起到了关键作用，也确立了美国在全球军事中的主导地位。"二战"后，伴随着西方和共产主义阵营之间的"冷战"，确切地说是美国和苏联之间的"冷战"，一个新的时代开启了。由"冷战"引发的军事冲突包括：朝鲜战争（1950—1953年），最终以朝鲜和韩国之间的停战而告终；越南战争，以1975年美国和盟军撤军、北越共产党部队接管全国收尾。1991年苏联解体，"冷战"气焰逐渐熄灭下来。

美国发起境外军事参与的新舞台在中东，以1991年的海湾战争为开端。战争的导火索是伊拉克入侵科威特，在联合国发出通牒后，伊拉克仍拒绝撤军。战争后来逐渐升级为美国主导的侵略行为，经过一个月左右的对抗后偃旗息鼓。2001年，伊斯兰极端分子发起"9·11"恐怖袭击，同年，美国打响了反恐战争。为报复恐怖主义，2002年美国入侵阿富汗后

派军常驻。在"伊斯兰国"接管伊拉克后，美国发起了第二次伊拉克战争，战火一直持续至今并逐步蔓延到叙利亚，因为美国意图通过此次军事行动根除"伊斯兰国"，使其无法卷土重来。

"一战"时，请求美国参战的呼声不绝于耳，继日本轰炸珍珠港和德国肆虐欧洲后，请求美国参加"二战"的呼声更高，但美国对朝鲜、越南和中东的战争却毁誉参半。反对的原因很多。有人认为美国袭击未挑起战争的国家非仁道之举，有人认为越南、伊拉克和阿富汗战争遥遥无期、永无胜算，非明智之举。大部分人认为，战争带来的巨大人力和经济投入不甚合理。"二战"以来的战争成本早已是天文数字，美国累计投入了相当于今天的10万亿美元。

无论是出于战争成本还是道德原因，美国国内逐步达成的共识是，不能再继续充当"世界警察"。特朗普时期推动的"美国优先"议程旨在减少美国在全球的军事行动，其核心目标是重新调整资源分配，优先解决基建、医保、住房、教育和国债等内政问题。[2]

"美国优先"原则是否会从根本上改变美国的世界观还不能盖棺定论。从门罗主义开始，美国的世界观基本由干涉论和扩

第 7 章　世界观与军事：美国重民主和人权的传播；中国重经济利益，轻对外扩张

张论组成，针对的是破坏民主和人权传播的国家。除了接管太平洋地区，这种世界观的目标是保护国家利益，保障民主和人权的传播，并非一味扩大国家边界。[3]

大国竞合

中国的世界观和军事参与的发展

中国的世界观可以追溯到 1 000 多年前,甚至有人认为可以追溯到 2 000 多年前的秦朝。公元前 221 年到公元前 207 年,秦国首次实现了中国大一统。当下中国的世界观主张中国的核心目标是提高人民生活水平,实现经济平稳发展,中国无意于扩张领土或干涉他国内政。古往今来,中国始终秉持这一观念。[4] 回顾历史,有一个有趣的问题,即究竟是什么促使中国形成了这种保守的世界观?有几点值得思考。

第7章　世界观与军事：美国重民主和人权的传播；中国重经济利益，轻对外扩张

儒家思想和东方价值观

东方价值体系，特别是儒家思想，重"文"（和谐与尊重）轻"武"（暴力和冲突）。社会等级进一步强化了这样的观念，即"士"的社会地位最高，接下来依次是农、工、商、兵。

中国是世界的中心

在历史上的王朝强盛时期，中国曾自称"天朝上国"。在历史长河中，中国长期是世界上最先进的文明。朝贡制度进一步强化了这种优势地位。[5] 朝贡制度下的藩属国向王朝称臣纳贡。在15世纪的明朝，皇帝认为与外国的交往对中国没有利益，政府解散了当时全球最大、最先进的海军，进一步凸显了"天朝上国"的心态。[6] 在19世纪鸦片战争期间，英国为清朝皇帝带来了现代发明和机械设备，[7]清政府对此也不屑一顾。"天朝上国"的心态也体现在中国相对较单一的民族构成上：汉族占总人口的93%；[8] 历史上的中国曾将外国人视为蛮夷，认为与外国人打交道有损汉族的优越地位。

19世纪以来，中国饱受外国侵略和打压

自 1840 年开始的 110 多年间，中国经历了外侵内战。所有这些内外冲突，加上中国迟来的工业革命、庞大的人口基数、不断增长的人口负担，对外战争变得不切实际。

中国对利用稀缺资源进行对外战争持怀疑态度

在过去的 40 年里，中国政府制定的战略表现出了高度的务实主义，包括激励企业提高生产力，通过设立大型农场和利用现代科技来实现农业现代化，打造出口型制造强国，以及在高附加值的高新技术产业中确立领导地位。[9] 推进这些转型的背景是中国有限的资源。部署大量资源用于对外战争对中国来说毫无意义。

虽然历史上中美的世界观迥然不同，但两国的价值观有缓慢趋同之势。

有强大的军工体系做背书，美国军方不断寻找新的威胁和发展新一代武器。把中国视为威胁的理由明显不充分。中国的国防预算增长虽略快于美国，但预算规模不及美国的 1/3，遑论

第 7 章　世界观与军事：美国重民主和人权的传播；中国重经济利益，轻对外扩张

中国的人口数量四倍于美国。[10] 虽然中国在领海问题上较强势，但在过去的 50 年中，与美国相比，中国的行为对其他国家是无害的。

经过多年韬光养晦之后，中国是否已经准备好大展拳脚？这很难做出定论。军事侵略有悖于儒家思想和根深蒂固的实用主义。纵观过去 150 年的发展史，哪一场对外侵略为侵略者带来了持续的价值？在与中国有关的例子中，侵略者最终付出的代价远高于战争频次和规模所带来的价值。

大国竞合

未来将去向何方

中国是否会坚定地捍卫领土，包括与日本、菲律宾和越南存在争议的岛屿？答案是肯定的。中国学校都会教授中国在1839—1949年遭受西方霸权和帝国主义干政的历史。[11]随着消除贫困目标的实现，国家的稳定和民族自豪感变得越发重要。不过，防御性行动与军事侵略有本质区别。

有人会说，"修昔底德陷阱"不可避免，老牌大国和崛起大国之间的战争不可避免，即使双方并未主动宣战，一系列小事件也可能导致不可预见的矛盾升级。[12]自1989年以来的30多年里，中国所展现的高度纪律性和执行力，以及中央政府官员的集体经历都证明，"意外事件"导致中国陷入战争的概率远远低

第7章 世界观与军事：美国重民主和人权的传播；中国重经济利益，轻对外扩张

于美国。

正如亨利·基辛格在著作《论中国》中指出的，中美之间直接军事对抗的可能性很小。[13] 两个大国是否会展开竞争？答案是肯定的，但主要是经济和社会领域的竞争。中国的历史和文化背景与这一观点相吻合，美国的务实派也会表示赞同。

第8章

未来之路

我们应该努力在有共识的领域与中方发展合作项目。对于21世纪的世界和平与稳定而言,没有任何一种关系比中美关系更为重要。

——大卫·博伦

《致美国的一封信》作者,美国前参议员

尽管关于中美关系的对话多集中在分歧上，但事实上两国有许多共同点。美国和中国是全球最强大的两个国家，一个领导西方，一个领导东方。两国经济的快速发展都源自一场工业革命，美国大约在1870年，而中国则开始于1980年左右。两国都面临着众多相同的国内挑战：高债务、薄弱的社会保障体系、人口老龄化、收入不平等和环境恶化。不仅如此，两国人民还拥有许多往往被忽视的、相同的个人品格：强烈的职业道德、雄心壮志、团队合作、乐于助人和幽默感。因此，要成功解决全球重大问题，两国必须携手合作。

美国国内存在的对中国的不信任令人不安。这种不信任根源于对中国历史、文化和政府的普遍误解。本书的主要目标是消弭这些误解。尽管很多误解在前文已有讲述，但我还是想再提及几点，以更好地对实际情况做出解释。

大国竞合

- 显然，我们都不知道未来会发生什么。然而，中国在其漫长的历史进程中始终由强有力的中央政府领导，其中有因失去人民支持而下台的政府，它们失去民心的原因各异，可能包括抵御侵略不力、未能应对饥荒和自然灾害带来的后果，以及高税收和腐败问题。但每个新政府上台后，依然保留了强有力的中央政府模式。

- 与世界其他大国政府相比，中国政府享有最高的国内民众支持率。这不仅是因为政府给社会带来了繁荣和稳定，而且还因为政府使人民实现了高度的个人自由。中国人民对他们目前拥有的个人自由程度感到很满意。

- 中美之间发生战争是非理性的。并且，中国有着悠久的非暴力历史，不太可能偏离这一传统。中国正在努力成为一个经济大国，但这并不意味着它会成为一个军事威胁。

另外，由于中国人通过教育和旅游业等途径与美国进行了广泛接触，中国对美国的了解要深得多。超过 2 600 万中国人访问过美国，相比之下，只有不到 100 万美国人访问过中国。中国学生还充分参与了美国优越的高等教育体系，美国的国际学生中约有 1/3 是中国人。有些中国政府官员曾在美国留学。[1] 这

第 8 章　未来之路

种不断提高的接触程度意味着，目前中国对美国的了解远远超过了美国对中国的了解。

如果中美合作的最大障碍是美国对中国缺乏了解，那么造成此种情况的根源是什么呢？主要是因为中国拥有独一无二的历史和文化，美国亦然。因此，两国的模式都非常成功，但又截然不同。这导致美国人对中国人产生了误解。

中美之间价值体系的不同是至关重要的：中国信奉集体主义，而美国崇尚个人主义。怀疑论者往往说，集体主义观是政府为践踏个人权利而寻找的借口。然而，儒家学说中所包含的家庭至上，服务社会，重视教育、道德、尊重和谦逊等的价值观，2 500 年以来一直对中国文化有深远的影响，正是这样的价值观在将中国塑造为一个信奉集体主义的国家方面发挥了无与伦比的重要作用。美国认为集体主义是中国政府为其不同于美国的行为方式所找的借口，这一点显示了美国对于中国漫长历史和文化演变的无知。

- 贤能政治是选取领导人的合法选择。中国择贤而任的程序非常严谨，包括严格的绩效评估、考核结果和同行投票。反观美国，政府官员可以通过有影响力的组织（如

大国竞合

全国步枪协会）和公司（如大型石油公司）的"捐款"获得大量竞选经费，诸如此类的做法的合法性同样受到质疑。

- "共产主义"这个标签让许多美国人误认为中国与俄罗斯毫无差别。俄罗斯历史上有多次军事侵略记录，并且政府有腐败行为。在这些方面，中国与俄罗斯是截然不同的。

- 西方一些文献中有误读情绪。卡彭特所著的《即将到来的美中之战》所表达的主题与书名一致，即这两个大国之间的战争是不可避免的。格雷厄姆·艾利森的《注定一战：美中能避免修昔底德陷阱吗？》同样如此。白邦瑞在《百年马拉松》中声称，中国一直计划在2049年共产党执政100周年之时超越美国，成为世界第一大强国。这些文献造成了一些美国人对中国的误解。

- 有多少情绪是因为美国担心中国将取代美国、成为世界最大的经济体的恐惧引起的？不可否认，中国正在全球市场上参与竞争，追赶美国的速度迅猛，取得了巨大成功，但这种"你赢我输"的概念是徒劳无益的。"输赢"的概念只是反映了典型的西方二元论思想，以及美国作为一个全球大国的紧张情绪。如果

第 8 章 未来之路

西方不能超越"输赢"的狭隘概念,那么就很难实现"双赢"。
- 西方媒体一贯是支持个人主义的先锋。而美国人往往除了西方媒体外,了解中国和中国人民的渠道比较少,因而对中国容易产生误读。

上述因素是影响美国人正确看待中国的主要原因,美国需要主动克服对中国的误解。那么,美国可以做些什么减少误解呢?下面举几个例子。

- 增加与中国的接触。大多数曾在中国长时间留居的美国人对中国的看法是公允和积极的。例如亨利·基辛格、发起与中国战略对话的美国前财政部长汉克·保尔森、美国国际集团前董事长汉克·格林伯格和记者托马斯·弗里德曼。到中国旅游的美国人日益增加,并且中文正迅速成为美国的主要外语之一,两国在文化交流和合作方面仍有发展空间。
- 美国的一些组织对美国政府的关税政策以及签证和移民限制表达了强烈的担忧。如果美国企业界能够在促使中国开放市场的同时加大对美国政府的压力,那么这将加速双方的相互理解与合作。
- 提高美国人的文化差异意识,让他们了解,在中国做生意需要超越名片规范和礼仪,并理解更深层次的文化背景。
- 美国应该有所自控,避免向中国提出不合理的建议,不合理的建议只会显得傲慢、自私和虚伪。

中国也可以采取行动来弥合分歧。
- 加快开放中国市场将缓解双方的紧张关系。鉴于中国市场日益成熟,加快开放市场所带来的缓和紧张局面的价值足以抵消其经济风险(如果经济风险存在的话)。
- 中国表示,其他国家应避免干涉他国内政,这一声明是正当的。
- 正如大卫·博伦所呼吁的那样,针对全球问题的合作项目将大大有助于缓解紧张局势,建立互信基础,造福世界。毫无疑问的是,这样的机会是不胜枚举的。

理想状态下,要想消弭中美之间的误解,所有相关方都需要主动沟通,最终在全球问题上共同努力。双方相互敌对、缺

第8章 未来之路

乏合作,这无疑是令人沮丧的。但是,即使双方无法实现合作,也并不意味着世界末日。目前,发展势头在中国这一边。美国的遏制措施最终必将适得其反。如果中美这两个全球大国之间能实现相互理解和尊重,并在全球问题上通力合作,那么这将惠及全世界。

注 释

第 1 章 背景：根植于历史文化的治理和思维模式的要素将不会改变

1. Naughton, Barry. The Chinese Economy: Adaptation and Growth. 2rd Edition, MIT Press, 2018. Print.

2. Weiping, Tan. *China's Approach to Reduce Poverty: Taking Targeted Measures to Lift People out of Poverty*. Addis Ababa: International Poverty Reduction Center in China, 2018. <https://www.un.org/development/desa/dspd/wp-content/uploads/sites/22/2018/05 /31.pdf>.

3. "GDP Growth (annual %)." *World Bank*, 2019. <https://data.worldbank.org/indicator/NY.GDP.MKTP.KD.ZG?end=2017&locations=GB-US-FR-DE-CN&start=1978>.

4. See note 2 above.

5. Wike, Richard. GLOBAL VIEWS ON LIFE SATISFACTION, NATIONAL CONDITIONS, AND THE GLOBAL ECONOMY. The Pew Research Center: The Pew Global Attitudes Project, 2007. <http://www.pewresearch.org/wp-content/uploads/sites/2/2007/11/Pew-Global-Attitudes-11-5-07-release-_final_.pdf>.

6. LI, CHENG, editor. China's Changing Political Landscape: Prospects for Democracy. Brookings Institution Press, 2008, <www.jstor.org/stable/10.7864/j.ctt6wpf6v >.

7. Upton-McLaughlin, Sean. Gaining and Losing Face in China. The China

大国竞合

Culture Corner, 2013. <https://chinaculturecorner.com/2013/10/10/face-in-chinese-business/>.

第 2 章 文化：差异的主要原因

1. Boren, David. A Letter To America. Norman: University of Oklahoma Press, 2008. Print.
2. Kessler, Glenn. "Does the Trump tax cut give 83 percent of the benefits to the top 1 percent?" *The Washington Post*, 14 Nov. 2018. <https://www.washingtonpost.com/politics/2018/11/14/does-trump-tax-cut-give-percent-benefits-top-one-percent/?utm_term=.a0e00cbbc7ee>.
3. "Here's The Cost of War for Each Major Conflict in America's 239-Year History." *The Daily Caller*, 16 Oct. 2015. https://dailycaller.com/2015/10/16/heres-the-cost-of-war-for-each-major-conflict-in-americas-239-year-history/.

第 3 章 经济表现：真正的战场

1. "Households and NPISHs Final consumption expenditure per capita (constant 2010 US$)" *The World Bank*, 2019. <https://data.worldbank.org/indicator/NE.CON.PRVT.PC.KD>.
2. Li, Zhou and Chongqing Ren. "Agriculture Transition in China: Experiences and Lessons." *Wieś i Rolnictwo*, 2014, nr 3(164), pp. 25-44.
3. See chapter 1 note 1.
4. Woetzel, Jonathan et al. *BRIDGING GLOBAL INFRASTRUCTURE GAPS*. McKinsey & Company: McKinsey Global Institute, June 2016. <https://www.mckinsey.com/~/media/McKinsey/Industries/Capital%20Projects%20and%20Infrastructure/Our%20Insights/Bridging%20global%20infrastructure%20gaps/Bridging-Global-Infrastructure-Gaps-Full-report-June-2016.ashx>.
5. Mozur, Paul. "Beijing Wants A.I. to Be Made in China by 2030." *The New York Times*, 20 July 2017. <https://www.nytimes.com/2017/07/20/business/china-artificial-intelligence.html>.
6. Huang, Yukon. Cracking the China Conundrum: Why Conventional Economic Wisdom is Wrong. New York: Oxford University Press, 2017. Print.
7. "Urban population (% of total)" *The World Bank*, 2018. <https://data.worldbank.org/indicator/SP.URB.TOTL.IN.ZS>.

注　释

8. "Consumption contributes to nearly 80% of China's GDP growth." *China Daily*, 20 Sept. 2018. <http://global.chinadaily.com.cn/a/201809/20/WS5ba30475a310c4cc775e7413.html>.

9. "Services, value added (% of GDP)" *The World Bank*, 2019. <https://data.worldbank.org/indicator/NV.SRV.TOTL.ZS>.

10. "Meeting China's productivity challenge." *McKinsey Global Institute*, August 2016. <https://www.mckinsey.com/featured-insights/china/meeting-chinas-productivity-challenge>.

11. "Current Healthcare expenditure (% GDP)." *The World Bank*, 2019. <https://data.worldbank.org/indicator/SH.XPD.CHEX.GD.ZS?locations=CN-US&name_desc=false>.

12. Nayyar, Sarita et al. *Future of Consumption in Fast-Growth Consumer Markets: China*. World Economic Forum, 2018. <http://www3.weforum.org/docs/WEF_Future_of_Consumption_in_Fast_Growth_Consumer_Markets_China.pdf>.

13. Wang, Orange. "Beijing's tilt towards state-owned enterprises raises doubts about future of private sector in Chinese economy." *South China Morning Post*, 21 Sept. 2018 <https://www.scmp.com/news/article/2165254/beijings-tilt-towards-state-owned-enterprises-raises-doubts-about-future>.

14. Farrell, Diana and Susan Lund. "Putting China's capital to work." McKinsey & Company, Far Eastern Economic Review, 1 May 2006. <https://www.mckinsey.com/mgi/overview/in-the-news/putting-chinas-capital-to-work>.

15. "China Net Household Saving Rate." *Trading Economics*, 2019. <https://tradingeconomics.com/china/personal-savings>.

16. "Personal saving rate in the United States from 1960 to 2018." *Statistica*, 2019. <https://www.statista.com/statistics/246234/personal-savings-rate-in-the-united-states/>.

17. "$1B+ Market Map: The World's 326 Unicorn Companies In One Infographic." *CB Insights*, 14 March 2019. <https://www.cbinsights.com/research/unicorn-startup-market-map/>.

18. McKinsey Global Insights Article: "China and the World: Inside a changing economic relationship" *McKinsey & Company*, December 2019. Print.

19. "China Current Account to GDP." Trading Economics, 2019. <https://tradingeconomics.com/china/current-account-to-gdp>.

20. "Tariff rate, applied, weighted mean, all products (%)" *The World Bank*, 2019.

<https://data.worldbank.org/indicator/TM.TAX.MRCH.WM.AR.ZS>.

21. Saiidi, Uptin. "China's foreign direct investment into the US dropped precipitously in 2018, data show." *CNBC*, 15 Jan 2019. <https://www.cnbc.com/2019/01/15/chinese-foreign-direct-investment-to-the-us-falls-in-2018-data.html>.

22. "What happens when Chinese students abroad return home." The Economist 17 May 2018. <https://www.economist.com/special-report/2018/05/17/what-happens-when-chinese-students-abroad-return-home>.

23. "Full List." *Fortune 500*, 2018. <http://fortune.com/fortune500/>.

24. See chapter 1 note 1.

25. Normile, Dennis. "Surging R&D spending in China narrows gap with United States." *Science Magazine*, 10 Oct. 2018. <https://www.sciencemag.org/news/2018/10/surging-rd-spending-china-narrows-gap-united-states>.

26. "Share of old age population (65 years and older) in the total U.S. population from 1950 to 2050*." *Statistica*, 2019. <https://www.statista.com/statistics/457822/share-of-old-age-population-in-the-total-us-population/>.

27. China Power Team. "Does China have an aging problem?" *China Power*, 15 Feb. 2016. <https://chinapower.csis.org/aging-problem/>.

第 4 章 教育体系：重要性随着先进技术的快速发展而凸显

1. "Facts and Studies." *Council for American Private Education*, 2019. <http://www.capenet.org/facts.html>.

2. Radensky, Andre. "Made in China 2025." *Business Today Online Journal, Business Today Online Journal*, 10 Oct. 2018, <journal.businesstoday.org/bt-online/2018/made-in-china-2025>.

3. Ministry of Education of the People's Republic of China. "Vocational Education in China." *China.org*, 20 Oct. 2006. <http://www.china.org.cn/english/LivinginChina/185280.htm>.

4. Strauss, Valerie. "Where in the world are teachers most respected? Not in the U.S., a new survey shows." *The Washington Post*, 15 Nov 2018.

<https://www.washingtonpost.com/ education/2018/11/15/where-world-are-teachers-most-respected-not-us-new-survey-shows/?utm_term=. a5c46ab47975>.

5. Anderson, Jenny. "Asians spend seven times as much as Americans on tutoring to give their kids an edge." *Quartz*, 27 April 2017. <https://qz.com/970130/asians-spend-15-of- their-family-income-on-extra-education-and-tutoring-for-kids-americans-spend-it-on-cars-and-gas/>.

6. Quacquarelli Symonds Staff. "The World's Top 100 Universities." *Top Universities*, 6 June 2018. <https://www.topuniversities.com/student-info/choosing-university/worlds-top-100-universities>.

第 5 章　人权与法治：美国的绝对主义与中国的相对主义

1. Mervosh, Sarah. "Nearly 40,000 People Died From Guns in U.S. Last Year, Highest in 50 Years." *The New York Times*, 18 Dec. 2018. < https://www.nytimes.com/2018/12/18/us/gun-deaths.html>.

2. See chapter 1 note 2．

3. "Life expectancy at birth, total (years)." *The World Bank*, 2019. <https://data.worldbank.org/indicator/SP.DYN.LE00.IN?locations=CN>.

4. "Adult* literacy rate in China from 1982 to 2015." *Statistica*, 2019. <https://www.statista.com/statistics/271336/literacy-in-china/>.

5. "Mortality rate, infant (per 1,000 live births)." *The World Bank*, 2019. <https://data.worldbank.org/indicator/SP.DYN.IMRT.IN?locations=CN>.

6. de Tocqueville, Alexis. Democracy in America. London: The University of Chicago Press, 2000. Print.

7. See chapter 1 note 1．

8. "Number of students from China that have studied abroad between 2007 and 2017 (in thousands)" *Statistica*, 2019. <https://www.statista.com/statistics/227240/number-of-chinese-students-that-study-abroad/>.

9. "What happens when Chinese students abroad return home." The Economist 17 May 2018. <https://www.economist.com/special-report/2018/05/17/what-happens-when-chinese-students-abroad-return-home>.

10. Wu, Xiaogang; Cheng, Jinhua. "The Emerging New Middle Class and the Rule of Law in China." Chinese University Press: China Review, Vol. 13,

大国竞合

No. 1 (Spring 2013), pp. 43-70.

11. "The Most Litigious Countries in the World." *Clements Worldwide*. <https://www.clements.com/sites/default/files/resources/The-Most-Litigious-Countries-in-the-World.pdf>.

12. Gao, Jie. "Comparison Between Chinese and American Lawyers: Educated and Admitted to Practice Differently in Different Legal Systems." *Penn State International Law Review*: Vol. 29: No. 1, (2010) Article 11.

13. *Peoples Republic of China Constitution*. Art. 13, 21, 24. 2004.

14. "Race and Ethnicity in the U.S." *The Statistical Atlas*, 4 Sept. 2018. <https://statisticalatlas.com/United-States/Race-and-Ethnicity>.

15. Kochhar, Rakesh and Anthony Cilluffo. "Incomes of whites, blacks, Hispanics and Asians in the U.S., 1970 and 2016." The Pew Research Center 12 July 2018 <http://www.pewsocialtrends.org/2018/07/12/incomes-of-whites-blacks-hispanics-and-asians-in-the-u-s-1970-and-2016/>.

16. Tate, Emily. "Graduation Rates and Race." *Inside Higher Ed*, 26 April 2017. <https://www.insidehighered.com/news/2017/04/26/college-completion-rates-vary-race-and-ethnicity-report-finds>.

17. "Labor force characteristics by race and ethnicity, 2017." *Bureau of Labor Statistics*, August 2018. <https://www.bls.gov/opub/reports/race-and-ethnicity/2017/home.htm>.

18. "CRIMINAL JUSTICE FACT SHEET." *NAACP*, 2019. <https://www.naacp.org/criminal-justice-fact-sheet/>.

19. See note 14 above.

20. See note 14 above.

21. See note 15 above.

22. "Facts for Features: Hispanic Heritage Month 2017." *United States Census Bureau*, 31 Aug. 2017. <https://www.census.gov/newsroom/facts-for-features/2017/hispanic-heritage.html>.

23. Shammas, Brittany. "Miami Is Only U.S. City Where Most Language Learners Are Studying English." *Miami New Times*, 13 Oct. 2017. <https://www.miaminewtimes.com/news/miami-is-only-us-city-where-most-studied-language-is-english-9743341>.

24. Lee, Tanya. "7 Apologies Made to American Indians." *Indian Country Today*, 1

注 释

July 2015. <https://newsmaven.io/indiancountrytoday/archive/7-apologies-made-to-american-indians-CzHzxFZyVk6QdDF-Naiyyw/>.

25. See chapter 1 note 2.
26. See chapter 1 note 1.
27. CNN Library. "LGBT Rights Milestones Fast Facts." CNN 22 Jan 2019. <https://www.cnn.com/2015/06/19/us/lgbt-rights-milestones-fast-facts/index.html>.
28. Speelman, Tabitha. "Tiptoeing Out of the Closet: The History and Future of LGBT Rights in China." The Atlantic 21 Aug 2013. <https://www.theatlantic. com/china/archive/2013/08/tiptoeing-out-of-the-closet-the-history-and-future-of-lgbt-rights-in-china/278869/>.
29. Palmer, James. "It's Still (Just About) OK to Be Gay in China." Foreign Policy 17 April 2018. <https://foreignpolicy.com/2018/04/17/its-still-just-about-ok-to-be-gay-in-china/>.
30. "Religion in America: U.S. Religious Data, Demographics and Statistics." *Pew Research Center*, 2019. <http://www.pewforum.org/religious-landscape-study/>.
31. Milligan, Susan. "Stepping Through History: A timeline of women's rights from 1769 to the 2017 Women's March on Washington." *U.S. News*, 20 Jan 2017. <https://www.usnews.com/news/the-report/articles/2017-01-20/timeline-the-womens-rights-movement-in-the-us>.
32. "The Data on Women Leaders." *Pew Research Center*, Jan 2015. Updated Jan 2019. <http://www.pewsocialtrends.org/fact-sheet/the-data-on-women-leaders/>.
33. Warner, Judith et al. "The Women's Leadership Gap." *Center for American Progress*, 20 Nov. 2018. <https://www.americanprogress.org/issues/women/reports/2018/11/20/461273/womens-leadership-gap-2/>.
34. "Adult* literacy rate in China from 1982 to 2015." Statistica, 2019. <https://www.statista.com/statistics/271336/literacy-in-china/>.
35. Sun J.Y., Li J. (2017) Women in Leadership in China: Past, Present, and

Future. In: Cho Y., Ghosh R., Sun J., McLean G. (eds) Current Perspectives on Asian Women in Leadership. Current Perspectives on Asian Women in Leadership. Palgrave Macmillan, Cham.

第 6 章 民主的形式： 美国的选举与中国的回应民意

1. Panetta, Gracie; Reaney, Olivia. "The evolution of American voting rights in 242 years shows how far we've come — and how far we still have to go." *Business Insider*, 15 Feb 2019. <https://www.businessinsider.com/when-women-got-the-right-to-vote-american-voting-rights-timeline-2018-10>.

2. Albert, Zachary. "Trends in Campaign Finance, 1980-2016." *Campaign Finance Task Force*, 12 Oct. 2017. <https://bipartisanpolicy.org/wp-content/uploads/2018/02/Trends-in-Campaign-Financing-1980-2016.-Zachary-Albert.pdf>.

3. Confessor, Nicholas. "$2 Billion Worth of Free Media for Donald Trump." *The New York Times*, 15 March 2016. <https://www.nytimes.com/2016/03/16/upshot/measuring-donald-trumps-mammoth-advantage-in-free-media.html>.

4. Desilver, Drew. "U.S. trails most developed countries in voter turnout." *The Pew Research Center*, 21 May 2018. <http://www.pewresearch.org/fact-tank/2018/05/21/u-s-voter-turnout-trails-most-developed-countries/>.

5. Ibid.

6. Chokshi, Niraj. "Map: The most Democratic and Republican states." *The Washington Post*, 6 Feb 2015. <https://www.washingtonpost.com/blogs/govbeat/wp/2015/02/06/map-the-most-democratic-and-republican-states/?utm_term=.91e4d1804a61>.

7. File, Thom. "Voting in America: A Look at the 2016 Presidential Election." *United States Census Bureau*, 10 May 2017. <https://www.census.gov/newsroom/blogs/random-samplings/2017/05/voting_in_america.html>.

8. Boren, David. A Letter To America. University of Oklahoma Press, 1 May 2011. Print.

9. Kessler, Glenn. "Does the Trump tax cut give 83 percent of the benefits to the top 1 percent?" *The Washington Post*, 14 Nov. 2018. <https://www.washingtonpost.com/politics/2018/11/14/does-trump-tax-cut-give-percent-benefits-top-one-percent/?utm_term=.a0e00cbbc7ee>.

注 释

10. Saad, Lydia. "Perceived Need for Third Major Party Remains High in U.S." *The Gallup Poll*, 27 Sept. 2017. <https://news.gallup.com/poll/219953/perceived-need-third-major-party-remains-high.aspx>.

11. Wilson, Megan. "The NRA's power: By the numbers." The Hill, 8 Oct. 2017. <https://thehill.com/business-a-lobbying/business-a-lobbying/354317-the-nras-power-by-the-numbers>.

12. Ingraham, Christopher. "The richest 1 percent now owns more of the country's wealth than at any time in the past 50 years." *The Washington Post*, 6 Dec 2017. <https://www.washingtonpost.com/news/wonk/wp/2017/12/06/the-richest-1-percent-now-owns-more-of-the-countrys-wealth-than-at-any-time-in-the-past-50-years/?utm_term=.20b9eb5bae47>.

13. Bach, Natasha. "Most Americans Support Increasing Taxes on the Wealthy: Poll." *Fortune Media LP*, 4 Feb. 2019. <http://fortune.com/2019/02/04/support-for-tax-increase-on-wealthy-americans-poll/>.

14. "Voters Blame Politicians for Federal Deficit." *Rasmussen Reports*, 21 Feb. 2018. <http://www.rasmussenreports.com/public_content/politics/general_politics/february_2018/voters_blame_politicians_for_federal_deficit>.

15. McCarthy, Niall. "The Top 15 Countries For Military Expenditure In 2016 [Infographic]" Forbes Magazine, 24 April 2017. <https://www.forbes.com/sites/niallmccarthy/2017/04/24/the-top-15-countries-for-military-expenditure-in-2016-infographic/#50a68b4143f3>.

16. Gotoff, Daniel; Lake, Celinda. "Voters Want Criminal Justice Reform. Are Politicians Listening?" *The Marshall Project*, 13 Nov. 2018. <https://www.themarshallproject.org/2018/11/13/voters-want-criminal-justice-reform-are-politicians-listening>.

17. "The Evolving Landscape of Crime and Incarceration." *Greenberg Quinlan Rosner Research*, 19 April 2018. <https://storage.googleapis.com/vera-web-assets/inline-downloads/iob-poll-results-summary.pdf>.

18. See chapter 4 note 18.

19. See note 16 above.

20. "PUBLIC OPINION FAVORS CRIMINAL JUSTICE AND DRUG POLICY REFORM, MAKING NOW THE TIME TO ACT." *Legal Action Center*, Nov. 2015.

<https://lac.org/public-opinion-favors-criminal-justice-and-drug-policy-reform-making-now-the-time-to-act/>.

21. "Having Chinese Communist Party membership is like having 'a diploma', 'opens doors'" *The Straits Time*, 21 Oct 2017 <https://www.straitstimes.com/asia/east-asia/having-chinese-communist-party-membership-is-like-having-a-diploma-and-opens-doors>.

22. "2018 Edelman Trust Barometer: Global Report." *Edelman*, 2018. <https://www.edelman.com/sites/g/files/aatuss191/files/2018-10/2018_Edelman_Trust_Barometer_Global_Report_FEB.pdf>.

23. Ibid.

第7章 世界观与军事：美国重民主和人权的传播；中国重经济利益，轻对外扩张

1. "HERE'S THE COST OF WAR FOR EACH MAJOR CONFLICT IN AMERICA'S 239-YEAR HISTORY." *The Daily Caller*, 16 Oct. 2015. <https://dailycaller.com/2015/10/16/heres-the-cost-of-war-for-each-major-conflict-in-americas-239-year-history/>.

2. Keller, Josh, et al. "Tracking Trump's Agenda, Step by Step." The New York Times, The New York Times, 26 Jan. 2017, <www.nytimes.com/interactive/2017/us/politics/trump-agenda-tracker.html>.

3. Taylor, Adam. "What Is the Monroe Doctrine? John Bolton's Justification for Trump's Push against Maduro." The Washington Post, WP Company, 4 Mar. 2019, <www.washingtonpost.com/world/2019/03/04/what-is-monroe-doctrine-john-boltons-justification-trumps-push-against-maduro/?noredirect=on&utm_term=.b5f49b1b0af7>.

4. Wang, Q. Edward. "History, Space, and Ethnicity: The Chinese Worldview." University of Calgary , University of Calgary, 1997,<www.people.ucalgary.ca/~slchia/article.html>.

5. Zhang, Yongjin. "The Tribute System." Oxford Bibliographies, Oxford Bibliographies, 22 Apr. 2013, <www.oxfordbibliographies.com/view/document/obo-9780199920082/obo-9780199920082-0069.xml>.

6. Edwards, Jim. "500 Years Ago, China Destroyed Its World-Dominating Navy Because Its Political Elite Was Afraid of Free Trade." The Independent, Independent Digital News and Media, 8 Mar. 2017, <www.independent.

co.uk/news/world/americas/500-years-ago-china-destroyed-its-world-dominating-navy-because-its-political-elite-was-afraid-of-a7612276.html>.

7. He, Mike. "Chinese History | A 5,000 Year Timeline of Events by China Mike." China Mike, 22 June 2017, <www.china-mike.com/chinese-history-timeline/>.

8. "Ethnicity and Race by Countries." Infoplease, Sandbox Networks Inc., <www.infoplease.com/ethnicity-and-race-countries>.

9. Radensky, Andre. "Made in China 2025." Business Today Online Journal, Business Today Online Journal, 10 Oct. 2018, <www.journal.businesstoday.org/bt-online/2018/made-in-china-2025.>.

10. "What Does China Really Spend on Its Military?" ChinaPower; Unpacking the Complexity of China's Rise, 9 Oct. 2018, <www.chinapower.csis.org/military-spending/>.

11. Lee, Andy S. "A Century of Humiliation: Understanding the Chinese Mindset." The McGill International Review, The McGill International Review, 18 Feb. 2018, <www.mironline.ca/century-humiliation-understanding-chinese-mindset/>.

12. Allison, Graham. "The Thucydides Trap." Foreign Policy, Foreign Policy, 9 June 2017, <www.foreignpolicy.com/2017/06/09/the-thucydides-trap/>.

13. Kissinger, Henry. On China. Penguin Books, 2012. Print.

第 8 章　未来之路

1. "International Visitations to the U.S from China." 2017 International Inbound Travel Market Profile, U.S Travel Association, 2017, <www.ustravel.org/system/files/media_root/document/Research_Country-Profile_2017_China.pdf>.

致　谢

本书得以问世有赖于我们全家人的参与。弗朗辛总是告诫我要力求公允，金伯莉确保了文字的简练和精确，莎拉帮助我追踪事实和出处。

我要感谢弗莱彻学院的学生杨梦韵，她承担了大部分的研究工作。还要感谢许多朋友和前同事，包括安德烈亚斯·贝鲁特斯、艾伦·科尔伯格、吉姆·克劳诺沃、克劳德·德索尔特、扎克·戴克豪斯、迪克·福斯特、汤姆·哈迪、保罗·马斯、比尔·米汉、迪安娜·穆利根、大卫·奥布莱恩、罗恩·奥汉利和汉克·沃克，他们为这本书的结构和基调提供了极富建设性的意见。

大国竞合

　　最后，感谢我的出版商，LID 出版社的马丁·刘、苏珊·弗伯、玛丽亚·西德和弗朗西斯卡·斯坦纳，感谢他们帮助一位初涉文坛的写作者迈出第一步。